哥哥洞窑与哥窑现象

钟凤文　著

文物出版社

图书在版编目（CIP）数据

哥哥洞窑与哥窑现象 / 钟凤文著 . -- 北京：文物出版社 , 2019.11

ISBN 978-7-5010-6421-2

Ⅰ . ①哥…　Ⅱ . ①钟…　Ⅲ . ①哥窑—研究　Ⅳ . ① K878.54

中国版本图书馆 CIP 数据核字（2019）第 258583 号

哥哥洞窑与哥窑现象

著　　者：钟凤文

责任编辑：贾东营
助理编辑：王　瑶
责任印制：张道奇

出版发行：文物出版社
社　　址：北京市东直门内北小街 2 号楼
邮政编码：100007
网　　址：http://www.wenwu.com
邮　　箱：web@wenwu.com
经　　销：新华书店
印　　刷：北京京都六环印刷厂
开　　本：880mm×1230mm　1/32
印　　张：9.25
版　　次：2019 年 11 月第 1 版
印　　次：2019 年 11 月第 1 次印刷
书　　号：ISBN 978-7-5010-6421-2
定　　价：98.00 元

目录

引言·································· 5

第一章　纸上谈兵"宋哥窑" ·············· 1

第一节　宣德三谱宋哥窑 ··············· 4

第二节　春风春雨话宋哥 ··············· 11

第三节　《续稿》演义宋哥窑 ············· 26

第四节　《留青日札》与《留留青》 ········· 44

第五节　钩沉发覆宋哥窑 ··············· 49

第二章 《至正直记》哥哥窑 ································ 61

第一节 《直记》讨论 ································ 64

第二节 老虎洞窑 ································ 79

第三节 "哥哥"的意义 ································ 92

第四节 哥哥洞窑的片纹 ································ 114

第三章 官哥之分识哥窑 ································ 121

第一节 南宋官窑 ································ 123

第二节 哥哥洞窑写真 ································ 141

第四章 众说哥窑致迷离 ································ 165

第一节 哥窑迷离之始 ································ 169

第二节 被误读的《浙江通志》 ································ 180

第三节 《遵生八笺》的哥窑 ································ 194

第四节 清代哥窑迷离 ································ 209

第五章　哥窑现象呈奇观 ……………………………………… 219

第一节　哥窑现象之文献 ………………………………………… 221

第二节　章窑、章氏、章氏兄弟与哥窑 ………………………… 231

第三节　龙泉黑胎青瓷与乌泥窑 ………………………………… 234

第四节　哥窑现象之器物 ………………………………………… 244

第五节　传世哥窑 ………………………………………………… 261

第六节　哥窑收藏 ………………………………………………… 265

结语 ……………………………………………………………… 269

后记 ……………………………………………………………… 275

引言

哥窑，哥窑，诚一难以解答之哑谜矣！

这是中国古陶瓷田野考古先驱陈万里先生在 1939 年第四次赴龙泉调查以后发出的慨叹。因为是去龙泉，他怀揣着摘录的六条龙泉章氏兄弟哥窑的文献，乘公务之便，实地考察了龙泉窑多处遗址，四次考察研究下来，对章生一哥窑的烧造地点、产品面貌等问题，"研究愈久，愈觉迷离恍惚不可捉摸"。[①] 情不自禁地临窑嗟叹。

陈万里前辈之叹在延续。

中华人民共和国成立后的 60 年代初，浙江考古工作者对龙泉大窑、金村地区一些重要窑址进行了调查发掘，找到了精美的黑胎青瓷。对此，先是认为就是文献所说的"宋哥窑"，后来又认为是"仿官窑"产品。新世纪伊始，浙江省文物考古研究所与北大考古文博学院及龙泉青瓷博物馆的联合考古，发现了更多处黑胎青瓷窑址，尽管多数的窑址碎片量很小，部分考古人员根据明清时期文献认为就是宋代哥窑，而且一反宋代文献"后郊坛下别立新窑"之论述，认为杭州郊坛下官窑是学龙泉黑胎青瓷的。其实这些新发现的黑胎青瓷，与陈万里前辈发现的在内容上并无本质的区别，无非是形式上为官方的、正规的、大规模的发掘调查。调查结果既没有"元末新烧"哥窑，也没

---

① 《陈万里陶瓷考古文集》，紫禁城出版社、两木出版社，1990 年。关于陈万里前辈的考古事迹、观点及相关内容均来自该文集。

有可称为"绝类古官窑"的哥窑,外貌上与"传世哥窑"也不相似,因此,考古学支持的依据是严重缺乏的,更勿论陈万里前辈当年关于龙泉黑胎青瓷的五问有没有得到全面的回答了。

当哥窑问题成为专业人士的哑谜之时,故事就发挥了强大的传播能力,文字记载的宋章生一哥窑的故事变成了真事一般传播得家喻户晓。1981年笔者刚参加文物工作,在入职培训班上首次听到了龙泉章生一哥窑和生二弟窑的故事,似乎两兄弟还有矛盾,开片瓷是弟弟害哥哥反促其偶然烧成的,情节生动,故事性极强。产品特征也是泾渭分明,哥窑开片,金丝铁线;弟窑不开片,釉色精莹无瑕。对古代窑业没有半毛知识的我,自然是听得只有张嘴的份。1984年,在扬州文物干部培训班上,读到了1982年中国硅酸盐学会编的《中国陶瓷史》,这是一部专业的、全面的古陶瓷著作,在笔者心目中如同圣经一般,时至今日瓷窑址考古成果如此丰硕,却还没有编写出新的陶瓷史,足见其学术水平之高。故每次思考古陶瓷问题,或撰写文章都要先阅读一下《中国陶瓷史》的相关章节,凭借一下巨人的肩膀。

在阅读《中国陶瓷史》哥窑章节时,才知道还有"哥哥洞窑"和"哥哥窑"之说,似于哥弟之外另有别义。而且文献也比记载章氏兄弟哥窑的要早,是元末至正年间的《至正直记》。

结合《新增格古要论》"旧哥哥窑出"的记述[①]，哥哥窑产品有"旧哥哥窑"和"近日哥哥窑"之别，特征是"绝类古官窑"，烧造地点从文中"在杭州时市哥哥洞窑器者一香鼎"分析，哥哥窑似恰在我生活的城市——杭州。最重要的是全无宋哥窑和章生一生二的身影，一下子让我从故事的激动中冷静了下来：究竟是有鼻子有眼的宋章生一哥窑是真的呢，还是语焉不详的哥哥洞窑是真的？

实事求是地说，这哥窑真相还真不是一个哑谜，而是杂音太多，文献及对考古遗存解读等各种议论让人莫衷一是。1998年至2001年，杭州市文物考古所对凤凰山老虎洞窑址进行了两次较大规模的发掘，发现了在南宋地层上有完整的元代烧瓷遗存，瓷片堆积很少，却与故宫博物院所藏的传世哥窑瓷器很相似，主持发掘的杜正贤先生认为就是文献记载的"哥哥洞窑"。对此，反对者认为许多文献说哥窑是宋代的，第三层南宋遗存才是宋哥窑；元代文献也仅仅说"近日哥哥窑"，第二层元代遗存是哥哥洞窑或哥哥窑[②]。因此，发掘成果并没有得到普遍的认可，接下来反而将问题进一步复杂化了，杜正贤先生在《杭州老虎洞瓷窑址的考古学研究》一文中改口说："所

---

① 【明】曹昭撰、王佐增：《新增格古要论》，中国书店出版社，1987年。

② 蔡乃武：《哥窑及相关问题——杭州老虎洞窑址研究之一》，《浙江省博物馆论文特辑1999~2009》，西泠印社出版社，2009年。

谓的哥窑瓷器就理所当然地是元代该官窑——官府窑场的产品了";故宫博物院的《哥瓷雅集》也将元代的这类瓷器拗口地称为"哥（官）窑"。

近日读任世龙先生的《瓷路人生——浙江瓷窑址考古的实践与认识》一书[①]，他在自序谈到了苏秉琦先生的一句告诫"瓷窑址考古既非硅酸盐，也不同于陶瓷史研究！"道出了古陶瓷研究的特殊性。笔者认为瓷窑址考古发现的是点，陶瓷史研究是要将所有的点分析研究，参以文献资料，将点连成线，探寻古陶瓷的产生与发展。老虎洞窑址考古报告揭露的考古现象是此处地点在南宋和元代都有瓷器生产，元代瓷窑叠压在南宋废址之上，器物面貌与南宋层遗物有某些相似之处，最明显的是基础原料瓷土是一样的，和高濂《遵生八笺》所说"官哥取土俱在杭州凤凰山下"相吻合，这也是以后陶瓷研究官哥难分的原因。另一迹象是南宋地层碎片堆积坑等遗存显示的官窑制度，与《坦斋笔衡》所说的"袭故京遗制"完全吻合。而元代地层没有碎片堆积坑，表明此一时期已经不再"袭故京遗制"了，应该是别有一番风貌的。这些瓷窑址考古出来的迹象，显示了胎已无关乎官哥特征识别，"故京遗制"才是鉴别宋元瓷器的根本要领所在。"制"的不同，决定了终端产品不同的风貌特征，

---

① 任世龙：《瓷路人生——浙江瓷窑址考古的实践与认识》，文物出版社，2017 年。

也决定了瓷窑性质的不同。如果不深入释读瓷窑址考古提供给我们的证据，轻率地解释官、哥窑，只能把两者关系和区别越弄越糊。

观览哥窑问题的研究，瓷窑址考古展现的迹象已足够丰富，之所以还不能解开这个哑谜，重点不是考古工作的问题，而是文献问题。古人惜墨如金，不可能像现在一样一五一十地讲得清清楚楚，需要全方位深入研读才能理解。另一个是古代秀才不出门要知天下事，免不了道听途说，或者想当然地编造，更有好事者因为利益原因故意伪造。所以文献质疑，应该成为哥窑研究首要之事。

可能是受"古之人不余欺也"的影响，关于哥窑的古陶瓷文献很少被质疑，即使有也是蜻蜓点水，或片面批评，从未发现有理有据地对古文献展开批判（这里的批判是分析判别、评论好坏之意，非"文革"时期的批判大会之批判），而是拿来就用，甚至自以为是的将这些文献相关联。例如最早将哥窑列为宋代名窑的《宣德鼎彝谱》，几乎所有的论哥窑文章都在引用。殊不知民国时宣德三谱的购买和出版者邵锐，于 1929 年夏（己巳仲夏）在《宣德彝器图谱》后的跋文中就已指出吕震卒于宣德元年[①]，何来三年奉旨编撰图谱？质疑"谱中所载何据"。当然，

---

① 【明】吕震等撰：《宣德彝器图谱》，中国书店，2006 年。

受历史条件所限，以往很难看到文献的全貌，限制了我们的认识。笔者以往也是人云亦云，几乎完全苑囿于《中国陶瓷史》，并没有真正见识过任何一部文献的全貌，质疑就毋庸奢谈了。

硅，让中国人率先发明了瓷器，也让美国人首先发明了电脑，以及互联网。互联网改变了世界，也改变了陶瓷研究。由于互联网，藏在深宫秘阁的古文献变得比以往更容易看到了。加上基于电脑与印刷相结合的出版事业的发展，大量的闻其名不见其身的古代文献被印刷出版，阅读古文献变得前所未有的方便。但在怎样阅读古文献上，似乎二千多年来不尽信书等优良传统正和时间一样离我们越来越远，文献要么成为獭祭，摆样子不评述；要么盲目信赖，或妄加批评，不具体问题具体分析；更有甚者断章取义，只截取对自己观点有用的片言只语，不顾古人原本表达的意思。凡此种种，造成了文献不仅无助问题的解决，反而由于引用不慎变成了更大的障碍，实在是非常遗憾的局面。

亚圣孟子在其《孟子·尽心下》中说："尽信《书》，则不如无《书》。吾于《武成》，取二三策而已矣。"孟子时代能读到的上古文献本来就很少，他尚且不尽信，以批判的眼光择取其中可信的史料。而被认为是古陶瓷研究中最多的哥窑文献，更要以不尽信的理念慎重对待。例如哥窑"浅白断纹"一说，是对传统紫口铁足类官青瓷哥窑的反动，明末就有人对此进行过批判，现在反而无人质疑，都为陆深的名字所遮目，将此当作宋章生一龙泉哥窑的铁证而广泛引用，从而无法平心对待其他不同观点的哥窑文献，如此还真的不如无书。

阅读古文献的第二个优良传统也是孟子告诉我们的，《孟子·万章下》曰："颂其诗，读其书，不知其人，可乎？是以论其世也。是尚友也"。读其书必须知其人，特别是现在能见到的关于哥窑的文献大多是文人的笔记小说，知其人显得尤为重要。笔记小说只对作者自己负责，主观随意性很大，往往与作者品行、人格相关联。通过了解作者的行状和所著作品的风格，大致可以判断出该文献是否出自作者之笔。还是以《春风堂随笔》末尾的宋章生一哥窑条文献为例，因成书年代早于《浙江通志》，被认为是最早的宋龙泉章生一哥窑的文献而广泛引用，特别是乾隆皇帝，经常引用作御制诗。但如果读一下明代大学士夏言为陆深写的墓志铭，深入地了解陆深的为文为人，通读《春风堂随笔》全文，就会怀疑此条文献是否出自陆深之手。如果答案是否定的，那就会脱去名人背书的光环，宋龙泉章生一哥窑的最早出处又得重新审视了。

孟子还说"是以论其世也"，就是要了解作者所处时代环境，既有政治的，也有经济和生活的。历史上的任何小事件都产生于大的历史环境中，而大历史都是由小事件串缀起来的。如《浙江通志》中章生一哥窑的记载，本是明代龙泉地区的一则民间故事，作者是以此反映明代嘉靖时已是"税重民穷"的现实，所有的文字都没有突破明朝这个时间概念。但从《中国陶瓷史》开始，都要拿《七修续稿》中"二窑"条来进一步解释通志所说的哥窑是宋哥窑，而忽略了通志的重点不是陶瓷生产，而是承继战国时代"诸子百家"先说相关的寓言故事再策论的传统，以瓷都特色的传说故事来说"税重民穷"的现实不利于抗倭。《浙江通志》编撰官胡宗宪无意于说陶瓷，而是用陶人境遇不堪的故事讲政治得失，以供皇帝施政借鉴。

文献中的史志类书可信度较高，官方的史志书一般知道就是知道，不知道都用"未详"、"相传"等用语，或避而不说，非常严谨。这些书是要在众目睽睽之下呈览皇上的，如有虚妄之事记载，很容易以欺君之罪授政敌以柄。故史志类古籍不要随便解释，更不能拿没经过认真研读的笔记小说来解释。

哥窑问题最令人费解的是元代文献"哥哥洞"和"哥哥"的意涵，当曹昭《格古要论》省称为"哥窑"时，"聪明人"马上想到是兄长烧的窑，而且传说中还真有章生一哥窑，但是这种联想是无助于解读"哥哥洞"的真实意义。"市哥哥洞窑器者一香鼎"之事发生在元朝晚期的杭州，那里曾是南宋王朝的都城，宋室南迁带来的中原雅音影响着城里的官民口语，原有的侬侬吴语杂以中原雅音形成了独立于周边的口语——杭州话，这种被称为"官话"的口语一直沿用至今。元代的杭州有当地人的杭州话，有蒙古族说的蒙语，有元政府极力推行的八思巴文，有南来北往做海外贸易的外地人的口语，因此，特殊的社会环境，庞杂的口语现象，哥哥洞窑中的"哥哥"绝非口误或讹传那么简单，一定具有特定时期的语言意义在里面。要弄懂哥哥洞的真实意思，音韵学、民间口语发展和时代背景等都是不可忽视的，这些也许就是解开"哥哥"意义的钥匙。

哥窑瓷器由于在元朝晚期民间随便能买到，加之"绝类古官窑"，进入明代社会，已然成了民间古玩行的高档古董了，引起了文人士大夫和收藏者的关注。哥窑的形制古拙，又有鬼神莫测的片纹，再加上身世不明，明早期就引得仁宗皇帝"复陶哥窑"，而且还仿制成功了。由于封建专制统治的严酷，明早中期复陶哥窑仅限于御窑厂，全民复陶哥窑则要晚得多。经过明中晚期的正德叛逆，嘉靖变更祖制，以及隆庆开海，万历时期的社会环境变得相对宽松起来，社会经济和文化得到了极大地发展。这样的社会环境使许多地区的民窑也开始仿制哥窑，并刻意追求片纹的效果，"片纹美"成为品评一件仿哥窑瓷器的标准，催生了以哥窑为核心的陶瓷文化兴起，形成了众说哥窑、以开片为美、众窑模仿哥窑、生产各品种哥地彩瓷等等的现象，这种哥窑现象在中国古陶瓷史上是亘古未有的，虽然丰富了陶瓷的百花园，但也迷失了哥窑的本源，迷惑了人们的视野。

哥窑名气太大，主要是皇帝也想"复陶哥窑"，而且这种官窑仿哥窑，更难被世人所见，其神秘性助推了哥窑的名气。

另外的麻烦是南宋仿官窑的乌泥窑、余杭窑、续窑和龙泉窑等，产品特征与哥窑的类官很相似，明代晚期就已"溷入哥窑"①。还有郊坛下官窑瓷器也与哥窑瓷器有某些相似之处，同样元代哥哥窑瓷器在明晚期也易被误认为宋哥窑，再加上伪文献的捣糨糊，林林总总已然都被归为宋哥窑一族，也就是所谓的"传世哥窑"。故要理清这些问题，非综合性研讨、探寻出问题之根本而不可得。

司马迁《史记·货殖列传》云："天下熙熙，皆为利来；天下攘攘，皆为利往"。利，是阶级社会一切现象的根本动因。至明代晚期一件哥窑瓷器已是价值百金以上，收藏者想识别它，以免造成重大经济损失；古董商想售假而讲故事，以期获得更大的利益；制造者因为好卖，获利快，而大加生产。凡此种种奇特的哥窑现象，有些非文人所为，实乃古董商为了商业利益故意编造出来而栽赃于文人的，厘清文献也可还这些文人历史清白。

对于哥窑问题来说，功者文献，迷者文献，乱者文献！哥窑的根本问题在于文献，遮挡哥窑真相的迷雾就是文献，梳理出明清文献的迷和乱，才能拨开迷雾，从而读懂考古迹象，读懂哥窑现象，正本清源，揭示出哥窑的历史真相。

---

① 【明】高濂：《遵生八笺》，巴蜀书社，1988年。

第一章 纸上谈兵『宋哥窑』

　　每每论说哥窑，总是先梳理文献，因为哥窑文献多，先听听古人怎么说也是极有意义的，但大多梳而不理，不深入解读，犹如獭祭；或蜻蜓点水，点到为止，也不了解作者和整部书的主旨。在没有互联网的时代，梳理文献确实是一件很难的事，所以大多都是参看《中国陶瓷史》引用的论哥窑文献，书中《宣德鼎彝谱》→《格古要论》→《浙江通志》→《七修类稿续编》的文献思路成了研究宋哥窑指导方向。后来又在通志前增加了新发现的文献《春风堂随笔》，将宋章生一哥窑说出现的时间提前了二十多年。这种释读古文献的方法慢慢地变成了研究哥窑引用文献的套路，陈陈相因，每次有关于哥窑的新文章出来，这几条文献肯定在参考书目中，但这些古代文献是否可靠，似乎从来无人质疑。

　　从现有的考古资料看，还没有令人信服的宋代哥窑窑址被发现，从陶瓷考古的拓荒者陈万里开始，考古工作者根据文献记载在浙江的龙泉地区寻找宋哥窑，取得了能和**文献局部内容**相呼应的宋哥窑遗存，也就是割裂开来能对照上，全面对照文献，则漏洞百出。如被认为是宋哥窑的龙泉黑胎开片青瓷，参照《宣德鼎彝谱》中的铜炉样式，既无传世整器，也无窑址出土碎片。再如《春风堂随笔》中的"浅白（釉色）断纹"瓷器和《续稿》中"生二"主烧诸多黑胎无纹青瓷及窑址都无法从考古资料中比对出来。这在时间链上貌似完整的文献资料，经不起考古遗存物的撞击，必定是有问题的。所以笔者认为要弄清宋哥窑问题，一定要先搞清楚谈论宋哥窑的古文献，看看古人是怎么说的？什么人在什么书上说的？书的版本情况如何？所说的宋哥窑瓷器到底有哪些模样？把指导实践的理论基础弄清楚了，实践过程才不会迷失方向。

第一节　宣德三谱宋哥窑

　　宣德三谱包括《宣德鼎彝谱》八卷、《宣德彝器图谱》二十卷、《宣德彝器谱》三卷，现在重新编辑出版的都是三谱合订本。《宣德鼎彝谱》和《宣德彝器图谱》被认为是最早提到宋代哥窑的，但并不是被经常引用的"并内库所藏柴、汝、官、哥、钧、定各窑器皿"，这句话没有点明"宋代"，而是引用者因为与汝、官、定等宋代名窑并列而推定的，1982版的《中国陶瓷史》也是这样推定的。《宣德彝器图谱》卷十六"狮首大彝炉图"左边文字为"右狮首大彝炉照哥窑狮首大彝炉款式……"，也没有说宋代，只说了"哥窑"。明确说"宋哥窑"的是在《宣德鼎彝谱》卷六和卷八分赐给各王府哪些彝炉时说到"仿宋哥窑款式"：

　　　　卷六"马祖之神供奉狮首马蹄炉　仿宋哥窑款
　　式，炉高五寸六分……"

卷八"赐内府佛堂及天下名山寺院低足押经
炉　仿宋哥窑款式，高二寸七分……"①

　　这是笔者读到的版本所记录的关于宋代哥窑的记载，《哥
瓷雅集——故宫博物院珍藏及出土哥窑瓷器荟萃》附录的"哥
窑文献辑录"中还有两条在卷八中的文献，在笔者读到的版本
里为"仿官窑款式"，非哥窑，有争议不予转录。

　　根据图谱的记载，宣德三年，工部尚书吕震奉敕"汇图成
谱"呈进，为宫廷档案副本。此前尚无哥窑是宋代名窑的记述，
该文献为最早的宋哥窑记载。

　　宣德三谱是研究宣德铜炉唯一的资料，烧制数量、尺寸、
重量、分赐地方等都记载得非常详细，按道理宣德炉问题应该
弄得明明白白了。然而，玩铜炉的也好，专家也罢，谁也说不
清公私收藏中哪一件是真正的宣德炉，按出版序言说共生产了
一万八千件宣德彝炉，但"竟然失落得无踪可寻"。对于宣德
三年出现的如此重大的财政事件，《明实录》及明代史料都没
有记录，明代文人的笔记小说也没有宣德彝炉的相关记载，实
在是咄咄怪事！

　　2012 年，在杭州文二路博库书城买了《宣德彝器图谱》

———————————

① 【明】吕震等撰：《宣德彝器图谱》（三谱合一本），中国书店出版社，2006 年。

等三谱合订本，才知道三谱中有诸多重要人物为图谱背书，如大学士杨荣序文，民族英雄、兵部尚书于谦作序，吴中才子祝允明、文彭和嘉兴大收藏家项元汴作序和跋文，可谓是名人荟萃，与明代宣德炉悄无踪迹形成了鲜明对照。

民国时，三谱的购买和出版者邵锐，于1929年夏（己巳仲夏）在《宣德彝器图谱》后的跋文中指出"（吕震）永乐三年迁刑部尚书，六年改礼部，十七年兼领户兵部事。仁宗即位，命兼太子少师，寻进太子太保兼礼部尚书，未言其曾任工部及进太子太傅也。且于宣德元年四月卒"，质疑"谱中所载何据"，慨叹曰"书之不能尽信欤！"

互联网是个好东西，输入关键词，最新的研究状况一览无余。关于宣德三谱，网上有一篇署名"羁吾生"的文章，从宣德三谱记载的官员、嫔妃、库局、宫殿楼阁等进行考证，不是查无此人此殿，就是张冠李戴。所谓名人序跋没有一个是经得起推敲的，均是伪托其名。三部图书的错误之多如同百衲衣一般，作者最后的结论是"《宣德彝器谱》、《宣德鼎彝谱》和《宣德彝器图谱》等宣炉三谱均系伪书无疑，其成书年代晚于乾隆二十六年即1761年"。鉴于也有人保守地认为是晚明伪书，笔者在陶说陶，从书中有关陶瓷的内容分析一下成书年代。

《宣德彝器图谱》和《宣德鼎彝谱》均有"宋东青瓷"的记载，前者卷十二"右蟠虬环耳鼎照宋东青瓷蟠虬环耳鼎款式，高三寸三分……";后者卷八"赐内府佛堂及天下名山寺院大号梵书彝炉"共八百座,均为"仿宋东青瓷款式"。明代及以前,关于陶瓷的文献并不多,尚无"宋东青瓷"之说,与之谐音的有"董窑"青瓷。明天顺本《新增格古要论》"古窑器论"有"董窑"条,其文曰"董窑出(阙文)/淡青色,细纹多,有紫口铁足,比官窑无红色,质粗而/不细润,不逮官窑多矣。今亦少见"。[①]可见董窑产品是一种有某些官窑特征的青瓷器。

清代雍正年间,景德镇来了一位伟大的督陶官——唐英,他仿烧、创烧出几十种釉水,其中就有"冬青釉"。雍正十三年,唐英的《陶成纪事碑》记载:"厂内所造各种釉水(色),款项甚多不能备,兹举其仿古採今宜于大小盘、碗、盅、碟、瓶、罍、樽、彝岁例贡御者五十七种,开列于后,以志大概:一仿铁骨大观釉……一仿冬青釉,有浅深二种……"。[②]仿冬青釉即为古代有之今仿之的那种,所仿的大概就是古代董窑青瓷,谐音为"冬青釉",也就是"东青瓷"在雍正年间的叫法。这并不是笔者的牵强附会,此后的《景德镇陶录》将其解释得非常清楚。

目前所见有关"东青瓷"称谓的较早文献是成书于清嘉庆

---

① 【明】曹昭著、王功载增:《新增格古要论》影印本(全二册),中国书店出版社,1987年。

② 【清】唐英:《陶成纪事碑》,转引自耿宝昌《明清瓷器鉴定》乾隆章节后附录,紫禁城出版社,1993年。引文中的括弧内文字都是原文,非笔者添加。

二十年的《景德镇陶录》①，该书为古代陶瓷集大成专著，卷二有"东青器"条，文曰："镇窑专仿东青户，亦分精粗，有大小式，惟官古户兼造者尤佳。或讹冬青，或讹冻青，要其所仿泑色则一"；卷三有"东青泑有浅深二种"；卷六"东窑 北宋东京民窑也，即今开封府陈留等处。土脉黎细，质颇粗厚，淡青色，亦有浅深，多紫口铁足，无纹，比官窑器少红润。唐氏肆考误以为董窑，又云核之董窑似官，其不同者质粗欠滋润，盖东董声相近，唐氏半采格古要论，乃传闻之讹也。案：古东器虽有紫口铁足，无蟹爪纹不逮官窑多矣。唐氏何得云似。陶成记事亦称东窑，载东青有浅深二种，唐氏于东青色则书冬青，何不自知东之讹董也。且今所仿东青器，并无紫口铁足，或更加彩矣"。清代人认为董窑是东窑之误传，明代人并不知道董窑出哪里，所以将北宋东京民窑的东窑误听为董窑，甚至乾隆时《唐氏肆考》也误以为董窑。所以明代没有"宋东青瓷说法"，雍正末年才出现在文献上，晚至嘉庆年间才将董窑、冬青、冻青等固定为"东青"。这是笔者同意宣德三谱为清代乾隆年间伪书的第一个例证。

《宣德鼎彝谱》在罗列宣炉摆放地方时，开头的第一个字都是"仿"字，仿某某这种说话书写格式，不是明代人的习惯，

---

① 【清】蓝浦、郑廷桂：《景德镇陶录十卷》，黄宾虹、邓实主编：《美术丛书》，江苏古籍出版社，1986年。

明代人一般不用"仿"字。如皇普録《皇明纪略》载："仁宗监国，问谕德杨士奇曰：'哥窑器可复陶否？'……"①仁宗皇帝不用"仿"字，而用"复"字。高濂的《遵生八笺》在论窑器时，对于仿制古官哥窑器之用词是"俱法官窑"、"若今新烧"。而清代早中期均习惯用仿字，清康熙刘廷玑《在园杂志》二二〇条"磁器"有"本朝便仿本朝，极易溷淆"；"近復郎窑为贵，紫垣中丞公开府西江时所造也，仿古暗合，与真无二"②。景德镇御窑厂唐英《陶成纪事碑》也习惯用"仿"字，在陈述其"仿古採今"的五十七种釉水时，每种釉色之前都冠以"一仿"俩字，宣德三谱与此何其相似乃尔，抑或《宣德鼎彝谱》杜撰灵感就是来自《陶成纪事碑》的。

另外，《宣德彝器谱》三卷里面有一些书面用语如"明白着实奏来"、"知道了"等，明显的是清代的习惯用语，明代的史书没有如此说话的。所以三谱不像是明代古籍，羁吾生说其成书年代晚于乾隆二十六年是很有见地的。笔者推测伪造此书可能与乾隆年间编撰《四库全书》有关，成书时间应在乾隆三十七年到四十三年之间，也就是《四库全书》征集图书的时间，不会早于此时，但有可能更晚才全部完成。

① 【明】皇普録：《皇明纪略》，故宫博物院《哥瓷雅集》，附录的"哥窑文献辑选"中转引，故宫出版社，2017年。
② 【清】刘廷玑：《在园杂志》二二〇条"磁器"，中华书局，2005年。

因此，《宣德彝器谱》、《宣德鼎彝谱》和《宣德彝器图谱》不是最早记载宋哥窑的文献，而是清代好事者参照《宣和博古图》和《陶成纪事碑》等文献编撰的伪书。其价值也就是以资研究清乾隆时期的铜炉，书中许多样式的铜炉都是清乾隆才出现的。另外，对清代人如何做伪书也有参考价值。

如此伪劣的古籍，还能支持宋代哥窑说吗？故明宣德时期已有宋哥窑的记载之说不能成立。

第二节　春风春雨话宋哥

嘉靖二十年（1541年），陆深辞官回到上海浦江东岸的故里，在故里养老的日子里，陆续写了一些随笔，集成了后来的《春风堂随笔》一卷。注明为"编修励守谦家藏本"的随笔末尾有"哥窑"条。有些文章引用此条文献时，出处注释为《春雨堂随笔》，辑录于中华书局1985年《丛书集成初编》中，书名一字之差。

励守谦家藏本《春风堂随笔》"哥窑"条全文如下：

> 哥窑，浅白断纹，号百圾碎。宋时有章生一生二兄弟，皆处州人，主龙泉之琉田窑，生二所陶青器纯粹如美玉，为世所贵，即官窑之类。生一所陶者色淡，故名哥窑。①

---

① 【明】陆深：《春风堂随笔》，编修励守谦家藏本。

　　此条为随笔的最后一条文献，上面为《歙砚志》，所以内容是完整的，无断章取义之嫌。此哥窑文献是关于宋龙泉章生一哥窑的最早出处，按照夏言撰写的墓志铭陆深卒于嘉靖二十三年，此条文献无疑是嘉靖廿三年之前的。

　　按字面释读此文献大致有以下几方面的信息：

　　1. 哥窑特征是"浅白断纹"，也是该文献的关键词，被引用最多。

　　关于"浅白断纹"有专家学者认为是浅白色的开片纹路①（如图），笔者不以为然。首先古文都是以单个字行文表意的，与现代汉语词组表意不同，类似四个字的表述，前俩字和后俩字一般

都是联合结构，不会是偏正结构的修辞关系，这是古今汉语的不同之处。其次从古陶瓷现象来说，如图的片纹颜色是陶瓷入

---

① 吕成龙：《试论哥窑的几个问题》说："而龙泉哥窑青瓷釉面虽也都有开片，但片纹均为自然天成，非人工刻意染色而成。片纹颜色一般为冰裂纹或凸起的白纹，凸起的白纹即文献记载的"白色断纹"（原文如此，疑似将"浅白"误记为"白色"）。沈岳明：《龙泉黑胎青瓷的考古发现与认识》说："从文献中关于开片的描述'白圾碎''浅白断纹'等，龙泉黑胎青瓷亦完全符合……龙泉黑胎青瓷可能就是正统的哥窑"。两篇文章均刊载于故宫博物院《哥瓷雅集》，故宫出版社，2017 年。

土时间长久造成的，土色决定了片纹的颜色，如一定要说片纹的颜色，那也是土黄色，而非浅白色。再者，明万历时期高濂就将片纹分为三种，而又过了五百年的现今反而成为一色了，恐与实际情况不符。所以，笔者认为浅白指的是釉色，断纹讲的是开片，文献最后还重申"生一所陶者色淡"。况且，釉色浅白的理论在晚明还是比较多见的，如万历时王世贞有"兄所作视弟色稍白"之语；高濂亦有"色取粉青为上，淡白次之"之说。

此条文献的关键词是"浅白断纹"，编写者认为这才是宋哥窑瓷器，似要辨证明代早期《格古要论》主导的"旧哥窑色青"、"紫口铁足"的观念，想纠正和引导世人对哥窑的认知。

2. 明确提出章氏兄弟的名字是章生一，章生二，确定为宋代处州人，在龙泉琉田烧瓷器。此处并没有交代何所本，遗憾的是17年后同朝为官的兵部尚书胡宗宪似乎没有看到此条文献，在胡宗宪主持编撰的首部省志《浙江通志》时，仍然在章氏兄弟前冠以"未详何时人"之语①。这其中的蹊跷是胡宗宪孤陋寡闻，还是《春风堂随笔》作怪？

---

① 【明】胡宗宪、薛应旂：《浙江通志》"龙泉县"条曰："相传旧有章生一章生二兄弟，二人未详何时人，主琉田窑造青器，粹美冠绝当世。兄曰哥窑，弟曰生二窑，价高而征课遂厚"。没有宋代一词。

3. 章生二"所陶青器纯粹如美玉",可理解为釉面不开片,釉质匀净,像最漂亮的玉一样。"即官窑之类"意义比较丰富:仿官窑;官窑;官窑级别等,似乎弟弟比哥哥烧得好。那么宋代龙泉窑哪种产品是章生二所烧的?官窑之类是指哪一类官窑呢?因为文献只说"宋",也没有提"紫口铁足",故可理解为北宋官窑,那就是白胎青瓷之类。以此而论,哥窑是"浅白断纹",生二窑是白胎青瓷的北宋官窑类,那章氏兄弟所烧瓷器与被认为是宋哥窑的龙泉黑胎青瓷没什么关系了。

4. 首次指出了哥弟产品异趣。与后来的胡宗宪《浙江通志》章氏兄弟故事不一样,通志说兄弟俩做的瓷器都是"粹美冠绝当世"那种,即生产同一种瓷器。

5. 最后一句"生一所陶者色淡,故名哥窑",似乎前言不搭后语,色淡与哥窑有什么关系?或许"色淡"是赘语,"生一所陶故名哥窑"意思才比较通顺,否则"以兄故也"的意思没有明晰地表达出来。但编写的人似乎很在意"色淡",因为前文有"浅白"呼应,疑为其目的所在。

初读此条文献,觉得有鼻子有眼的,对研究哥窑问题很有指导意义。但文献没有出处,就是"何所本",明代人说宋代事总得有点根据吧,又不是当代人说当代事,可以是亲眼所见,那也得说明是亲眼所见,无根无据就有想当然之嫌了。孟子教导我们说读其书要知其人,首先了解一下陆深其人,对解读文献会大有裨益的。

陆深（1477~1544 年），南直隶松江府（今上海）人，弘治十八年进士，授编修（修史的）。嘉靖十六年改太常卿，兼侍读学士。世宗南巡，命陆深随从，掌行在翰林院印，**世宗亲笔删"侍读"二字**，进詹事。嘉靖二十年辞官回故里，卒，赠礼部右侍郎，**谥文裕（皇帝御赐）**。1969 年，陆深夫妇合葬墓在浦东陆家嘴（因其故宅和祖茔而得名）被发现，其墓志铭为光禄大夫太子太师吏部尚书华盖殿大学士夏言撰写，翰林院待诏徵仕郎文徵明书丹，通议大夫礼部左侍郎兼司经局正经筵官预修会典实录邑人门生张电篆盖。墓旁有陆氏宗祠，供奉有陆深像，挂有 4 块扁，分别是嘉靖皇帝的祭文、诰命、赐谕等[①]。规格之高、礼遇之隆堪为松江府第一人。

陆深的高规格礼遇不是投机钻营拍马奉承得来的，墓志记载他一则治学严谨的事迹："三月，经筵进讲，大学士桂公蕚阅公讲章，辄加窜易，公即文华殿讲毕，面奏云：今日讲章非臣原撰，乞自今容讲，臣得尽其愚。上欣然可之。退而人谓公曰：经筵面奏非故事。公乃上疏谢罪，奉御笔批答云：尔昨奏讲章不欲内阁阅看，此系旧规，不必更改。尔果有所见，当别具闻。公感优遇，至于流涕。乃条奏有关圣学事，凡千余

---

① 《詹事府詹事兼翰林院学士赠礼部右侍郎陆深家族墓》，何继英主编：《上海明墓》，文物出版社，2009 年。

言……"陆深讲经不人云亦云，不做他人的传声筒，不惧得罪权贵力争阐述自己的观点，得到了皇帝的肯定，虽未更改旧规，皇帝允许他"别具闻"。《四库全书总目提要》也说陆深"深最留心史学"，"撷刘知几《史通》之精华，巢括排纂，别分门目，而广采诸家之论以为佐证，撰《史通会要》三卷，凡十七篇，为明代史学批评著述中杰作"。史学是最讲究实事求是、讲究学识的，要在自己知识中筛选出对某历史事件的可靠证据来加以论述，来不得半点虚假。

　　了解完陆深的生平事迹，再读《春风堂随笔》，感觉哥窑条文献疑点甚多，其文字并非出自陆深之手。而别一版的《春雨堂随笔》，更是莫名其妙。试析如下：

　　1. 文风不一。

　　《春风堂随笔》为陆深养老时随想随写的笔记，二十多条，读一下花不了多少时间。从头读到《歙砚志》，总能感觉到每一条文献都与陆深是休戚相关的。如第一条中就有"辛丑南归，访旧至南浦"，点明了他退休南归后寻访旧迹，也告知了随笔的起始时间；其他如"吾乡张东海"、"吾乡钱鼐"、"予欲取"、"吾闻"、"予读"、"亦吾道"、"予行江南山中"、"吾闻崔同年"等，那种亲闻亲见亲历的感觉跃然纸上。即便是历史，也哪朝哪帝交代得清清楚楚。对于听说的事情，就明确表示"未知誰所为"。即便是最后的歙砚志，也说明是删次别人的文章而成

的。所以，最后一条哥窑貌似言之凿凿，却无根无据，与"最
留心史学"的陆深人品、文品格格不入。行文不流畅，内容的
叙写也缺乏与陆深的关联，鱼目混珠昭然。

2. 版本疑云重重。

在网上搜索《春风堂随笔》版本时，会发现一个奇怪的
现象，凡是未标点的繁体字版均没有最后的哥窑一条，而且
《歙砚志》最后标注"阙文"，比对原文末尾原来还有24个
字。标点简体版则补充上这24字，下随哥窑条。更奇怪的是
在标点简体版和未标点繁体版之间，不知何时加注两行文字：
"《春风堂随笔》·一卷（编修励守谦家藏本）/ 明陆深撰。杂
记闻见凡二十三条。末附所载《歙砚志》一篇"。《歙砚志》是"末
附"，就是附在末尾，也就是《歙砚志》后面没有任何条文
了，但哥窑条恰恰就在末附的《歙砚志》之后，这不由得使
人浮想联翩了，会不会是好事者后添的啊？要不为什么要么
没有，要么在"末附"的条文之后。另外，这两行文字加注
的用意何在？也是很值得深思，因为只有加上哥窑条才够23
条，是否在强调最后哥窑条原来就在励守谦家藏本中的，好
似此地无银三百两啊！然后，紧跟着来一句"末附所载《歙
砚志》一篇"，似要撇清与哥窑条的关系，这不是自己打自己
的脸吗。

正在笔者疑云重重之时，同事蔡小辉帮笔者找到了《钦定

四库全书》收录的陆深儿子陆楫编辑的《俨山外集》三十四卷，其中卷五载录《春风堂随笔》一卷。俨山是陆深的号，陆楫是陆深长子，陆深卒后，其子将其札记之文十八部三十四卷汇为一集，名之曰《俨山外集》。陆楫卒于嘉靖三十一年，《俨山外集》应在此前已结集完成。《四库全书》中的《俨山外集》·三十四卷为浙江汪汝瑮家藏本，乾隆征召天下遗书时，汪宪已逝，其长子汪汝瑮将振绮堂所藏秘籍二百十九种进呈，后又选百种，共进献三百余种，乾隆亲笔题四诗以示褒奖，并赐初印《佩文韵府》一部，这是对进书一百种以上者的嘉奖。文献是电子影印版截图，可以看到版本的原始状况（如图）

欽定四庫全書

俨山外集卷五

春風堂隨筆

明　陸深　撰

世傳花卉凡以海名者皆從海外來理或當然予家海上園亭中喜橦雜花最佳者為海棠每欲取名花填小詞便童歌之有海紅花海榴花更欲來一種為四關累年而不得辛丑南歸訪儲至南浦見堂下盆中有樹婆娑欝茂問之曰此海桮花即山礬也因憶山谷賦水仙花云山礬是弟梅是兄但白花耳却有歲寒之意

本朝畫手當以錢唐戴文進為第一宣廟喜繪事御製天縱一時侍詔有謝廷循倪端石銳李在皆有名文進入京衆工姤之一日在仁智殿呈畫文進以得意之筆上進第一幅是秋江獨釣圖畫一紅袍人垂釣於水次畫家惟紅色最難者文進獨得古法入妙宣

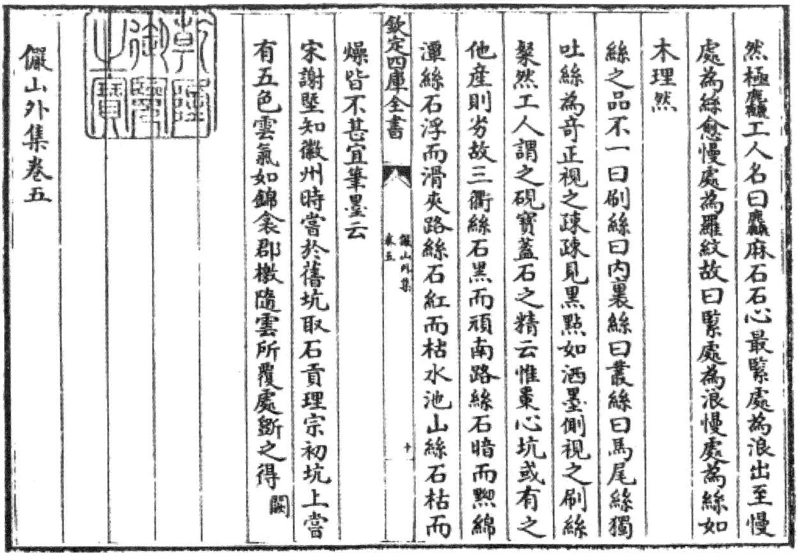

儼山外集卷五

欽定四庫全書

有五色雲氣如錦衾郡檄隨雲所覆處斷之得闕

宋謝墍知徽州時嘗於舊坑取石貢理宗初坑上嘗

燥皆不甚宜筆墨云

潭絲石浮而滑夾路絲石紅而枯水池山絲石枯而

他產則劣故三衢絲石黑而頑南路絲石暗而黝綿

爨然工人謂之硯寶蓋石之精云惟棗心坑或有之

吐絲為奇正視之踈踈見黑點如洒墨側視之刷絲

絲之品不一曰刷絲曰內裏絲曰叢絲曰馬尾絲獨

木理然

處為絲愈慢處為羅紋故曰䌓處為浪慢處為絲如

然極麤工人名曰麤麻石石心最緊處為浪慢處至慢

从图中可以看到每条文献第一个字都是顶格的，很容易区分。逐条点数共22条，最后《歙砚志》"得"字后注"阙"字，最后一行和"俨山外集卷五"之间盖着"乾隆御览之宝"印，即表示了编撰、审阅、校勘工作的完成，也是为了杜绝添字加文的可能。笔者认为此本应该是最初的面貌，理由如次：首先此本是其子陆楫在陆深死后八年的时间内编辑在《俨山外集》里的，不易散失或移动篡改。其二是编入《四库全书》的过程有严格的制度和程序，"乾隆御览之宝"印表示校勘完毕，是制度和程序的体现。

　　由此可见，最初的《春风堂随笔》是没有哥窑条的，哥窑条文献是被后人移花接木嫁接进另一个从《俨山外集》抽印的独立版本的，添加在最后面，不影响文序，也不易被识破。有哥窑条文献的《春风堂随笔》特别注明是"编修励守谦家藏本"，是因为励守谦是《四库全书》的编撰官。励守谦，字子牧，一作自牧，号检之，别号双清老人，直隶静海（今天津）人。乾隆九年（1744 年）举人，次年进士，官授翰林院编修，官至司经局洗马。是《四库全书》的编修之一。乾隆三十七年（1772 年）开四库全书馆，他家以馆臣敬献图书 172 种，《四库全书总目》著录 85 种，得赏内府初印本《佩文韵府》一部。那 172 种图书中有没有《春风堂随笔》不得而知，但著录的 85 种里面是没有的，《四库全书》总目没有单独的《春风堂随笔》，所以此本最后是没有"乾隆御览之宝"校勘章的，后面的空白处添加新内容是非常方便的。至此也明白了为什么要注明 23 条，目的是为有哥窑条文献存在而背书。

励守谦敬献的 172 种图书似有哥窑条版《春风堂随笔》，乾隆咏哥窑御制诗明确提到"春风堂不观随笔，那识哥窑所得名"。并深受其误，把宋代青白瓷枕（釉面开片，符合浅白断纹）也当作哥窑来吟咏。

3.《歙砚志》没有阙文

有哥窑条的《春风堂随笔》都将《歙砚志》最后 24 字补充完整了，笔者读了那补充的 24 字以后，感觉是那补上的文字就像将故意弄破的时尚牛仔裤给补上了，弄巧成拙，帮了倒忙。歙砚志原为江宾旸《送侄售砚序》，陆深觉得好，"因删次其语为歙砚志"，也就是陆深将《送侄售砚**序**》的"序"体文，删次改编为"志"体的《**歙砚志**》，本来就删除了许多字，何来遗漏或丢失呢。再来看一下删除的 24 字内容，"佳石，有白文绕两舷，宛转如二龙，既发为砚，而云气不复见矣"。内容玄幻，与砚志无益，是陆深故意删除的。其实陆文最后"斫之得"已经说完了，而补文者觉得"斫之"后面应有句读，"得"字后面顺理成章该有东西，遂将删除的"佳石"接上去了。殊不知"得"是动词，在古汉语中可以承前文的意思而省略后面的宾语的。佳石后面的文字无非是宝物有瑞兆、奇人有奇观的传统套路，属于文学范畴，所以陆深删次为"志"，这些文字自然是多余的了。

好事者是不会明白谥号"文裕"的陆深改"序"为"志"在用字上的讲究的，自以为发现了陆深的疏漏，既然《歙砚志》有阙文，那哥窑条丢了的可能也是存在的，再补上也就顺理成章了。真所谓自知者不知，自明者不明矣。

4. 蹊跷的《春雨堂随笔》

初见《春雨堂随笔》还以为是笔误，后来才发现并非笔误，来源是 1985 年中华书局的《丛书集成初编》中辑录，内容与标点简体版《春风堂随笔》完全一样。后来在网上浏览一篇《哥窑、弟窑、龙泉窑——被传说带偏的青瓷名窑》的文章（作者程彦林），文中看到截录的《春雨堂随笔》影印件，这才发现了另一个猫腻（如图），文章没有说明资料的来源，只是

报之也吾闻崔同年子钟铣云讷斋茶话云贾如散
钱一是索子
武康石色黑而润文如波浪人家园池叠假山以此
为奇大至寻文者绝少武康县今属湖州山溪间多
产此石予行江南山中亦见此颇有甚大者或密出
海岛中水洗而成文海舶取以压风者往年入自
栈道过凤岭颇纯以石人家用作短墙有甚佳者
摺皱成文而方整可坐其品格颇多惟盥盘者为叩
横文叠起如摺有黑白晕相间者有卤石作腰带
圆者曰玉带流水共文皆坚厚如人衣麻之状锦
　　　　秦雨堂随笔
巫红黄色相间成文虎皮大文即软作黄黑色麻皮
如盥家麻皮皱海石荅黑色而作荅头纹㭹而石纹
尖出而㸑很有透溢如太湖石谓之湖石武康常欲
聚而作谱恐未就焚北品也粗记如此
哥窑浅白断纹号百圾碎宋时村章生一生二兄弟
皆处州人生龙泉之琉田窑生二所陶青器纯粹如
美玉为此所贵郎官窑之颈生一所陶者色淡故名
哥窑
秦雨堂随笔终

在截图下面标注"明·陆深著《春风堂随笔》中记载了哥窑和章氏兄弟窑"，但截图显示是《春雨堂随笔》，文章中说《春风堂随笔》也叫《春雨堂随笔》，可见作者程彦林认为是一回事。这张截图的重要情况是和任何版本的《春风堂随笔》不同，最后的哥窑条不是在《歙砚志》后面，而是去掉了《歙砚志》，顶在"武康石"条文后面，从移花接木变成了偷梁换柱了。当然，这样就弥补了文献条数不符的缺陷，和《四库全书》本的

条文数一致了。至此，也明白了励守谦家藏本特别注明"末附所载《歙砚志》一篇"的用意了，敢情那时无《歙砚志》的版本已经存在了！但哥窑条文献如此变化多端，成了"可移动文献"，恰恰暴露了作伪的伎俩。

"春雨堂"的名字也令笔者想到了《俨山外集》中的《春雨堂杂抄》一卷，当然其主题是杂抄，以抄录为主，文献条数也少于《春风堂随笔》，但堂名的相同足以让人有"事出蹊跷必有妖"之叹。同一内容的书，用相似的两个书名，以严谨著称的陆深似乎没这么无聊吧，《丛书集成初编》的编辑应该检视一下《春雨堂随笔》的来龙去脉。

5. 陆深不好陶瓷

2009 年出版的《上海明墓》，记录了陆深墓葬的情况，陪葬的出土文物让笔者更加坚信笔记中的哥窑条是好事者后加的。陆深墓是夫妇合葬墓，相距五米是其子陆楫夫妇合葬墓，"发现时棺木如新"[1]，没有被盗过。但人防施工的破坏，致使两墓的陪葬品混在了一起，出土文物共 160 件左右，除 21 面铜镜和木梳 6 把（还有执扇，朽烂严重，情况不明。）之外，均为金银和玉饰品，不要说哥窑器，连瓷器都没有一件，似乎陆深父子也是"窑器不足珍"的拥趸者。

---

[1]　《詹事府詹事兼翰林院学士赠礼部右侍郎陆深家族墓》，何继英主编：《上海明墓》，文物出版社，2009 年。

世上没有无缘无故的爱，也没有无缘无故的恨，哥窑条加进去也不是无缘无故的。细读文字，此中的关键词是上文探讨过的"浅白断纹"。浅白断纹与曹昭《格古要论》及新增本所述哥窑特征是相悖的，就是说不是哥窑瓷器。以此推断编写此条文献的时候，社会上已经有许多貌似哥窑的开片瓷，许多收藏者心中疑惑而不敢买，急需有分量的名人来说话，不如此，那这些浅白断纹的瓷器就卖不出去了。陆深和曹昭是同乡，又是京官，在长三角地区应该是声名显赫的，借陆深之名传播浅白色釉的开片瓷器才是哥窑，则是最佳欺世广告，效果比老王卖瓜自卖自夸好多了。这种古董商的惯用伎俩，时至今日依然在沿用。

2014年4月，丽水庆元南宋胡纮墓被盗，经过警方追查，抓获了嫌疑人，追缴了被盗文物。在缴获的文物中，有一副与其他文物时代气息格格不入的金腰带，经过审讯，嫌疑人交代说金腰带是在杭州古玩市场买的，因为听说史书记载胡纮有御赐金腰带陪葬，所以买来冒充盗墓得来的文物，出卖以获高利。

那么此哥窑条文献是什么时候进入到《春风堂随笔》中的呢？笔者以为明崇祯年间的可能性最大。《春风堂随笔》哥窑条被点名且全文引用就出现在《通雅》，"陆文裕曰，哥窑，浅白断纹，号百圾碎……生一所陶者色淡，故名哥窑"[①]。一字不差，姓名用的是死后的谥号。方以智《通雅》写作始于明崇祯晚期，卷首"通雅自序"两则有"辛巳（1641年）"、"壬午（1642年）"落款，至康熙五年才付梓，过程较长，是作者的心血之作。全书共五十五卷，陆深哥窑条在卷三十三，因此，"浅白断纹"哥窑条大致于崇祯十四年（辛巳年）前被移花接木进了《春风堂随笔》。但方以智对此观点是持批判态度的，在其撰写的《通雅》中先引用《春风堂随笔》关于哥窑这段话，然后指出"**今假哥窑**，碎文不能铁足，铁足不能声。仿定曰象窑，有蟹爪纹色白者，亦非龙泉。不能得其淡，色淡则无声"。理智地批判了"生一所陶者色淡，故名哥窑"的怪论；同时还批评"有蟹爪纹色白者（即浅白断纹）"不是龙泉产品。

所以，《春风堂随笔》是陆深于嘉靖二十年至二十三年的期间的笔记，其中末尾的哥窑条是他人利用《四库全书》本中"阙"字漏洞伪造的，其内容也矛盾多多，对哥窑问题徒增杂音。其所谓的"宋时龙泉章生一哥窑"既不真实，无端侮辱古人，也算不得最早出处，不能妄加引用。

---

① 方以智：《通雅》，《钦定四库全书》影印本。

第三节 《续稿》演义宋哥窑

对宋哥窑说得最完整的莫过于《七修类稿续稿》了（以下简称《续稿》），卷六"二窑"条记载如下：

> 哥窑与龙泉窑皆出处州龙泉县，南宋时有章生一、生二弟兄各主一窑，生一所陶者为哥窑，以兄故也；生二所陶者为龙泉，以地名也。其色皆青，浓淡不一；其足皆铁色，亦浓淡不一。旧闻紫足，今少见也。惟土脉细薄、油水纯粹者最贵。哥窑则多断纹，号曰百圾破。龙泉窑至今温处人称为章窑。闻国初先正章溢乃其裔云。①

此条文献一般都根据《续稿》陈善序文认为是嘉靖四十五

① 【明】郎瑛：《七修类稿》，上海书店出版社，2015年。

年的记载，因为"二窑"条将龙泉章氏哥弟窑演义得非常完整，故每论哥窑都会引用此文献，并将此文献作为对嘉靖四十年《浙江通志》未详何时人章生一哥窑的解释。该文献清晰地表达了如下意思：

1. 哥窑在处州龙泉县，点明了地点，与《春风堂随笔》所说的地点基本一致，随笔更具体一点是"龙泉之琉田窑"。

2. 明确了章氏兄弟是南宋时人，比《春风堂随笔》的"宋时"更具体了。

3. 明确地提出了哥窑是"以兄故也"，也就是说，之所以称为"哥窑"，是因为瓷窑为兄长主烧的缘故。还首次提出了"生二所陶者为龙泉，以地名也"的观点，似乎可以理解为南宋处州龙泉县除了哥窑，均为生二生产的龙泉窑。这与《春风堂随笔》"生一所陶者色淡，故名哥窑"和生二所陶"官窑之类"不同。

4. 明确提出了哥窑与龙泉窑的异同之处。相同之处是"其色皆青"和"其足皆铁色"，并且"土脉细薄、油水纯粹"。相异之处是哥窑"多断纹"，龙泉窑又称"章窑"。产品特征貌似概括得很全面，东拼西凑的痕迹非常明显。生二窑特征是浓淡不一的青釉、铁足（可能还有紫足）、土细釉纯、不开片，龙泉考古似乎没有发现不开片的黑胎青瓷。"二窑"哥窑和生二窑产品对《春风堂随笔》中的哥窑和生二窑产品来了一个180

度的翻转，前者都是黑胎的，后者都是白胎的；黑胎青瓷不开片的不好找，白胎青瓷开百圾碎片纹的也不好找。所以拿考古发掘资料完整地对照此两条宋哥窑文献，是无法解释清楚的，除非断章取义。

5. "章窑"之说别一版。关于章窑，笔者本以为会不会和隔壁福建漳州窑有关，将漳州窑讹传为章窑了。后来在高濂《遵生八笺》还真找到了"章窑"，但产品特征完全两样。其"论诸品窑器"有龙泉窑和章窑，而且连着论述："（龙泉窑）今则上品仅有葱色，余尽油青色矣，制亦愈下。有等用白土造器，外涂泓水（疑为泑水之误）翠浅，影露白痕，此较龙泉制度，更觉细巧精致，谓之章窑，因姓得名者也"[①]。起头的"今"字应该是贯穿整段文字的，如今龙泉窑有葱色、油青色瓷器，还有一种釉水翠浅、影露白痕的章窑器，取名是因为窑主姓章的原故。由此可见，龙泉确有**章窑，但不是宋代，而是明代的**。其产品不是铁足的黑胎，而是泑水翠浅、影露白痕的白胎青瓷。"二窑"中"生二窑又称章窑"之产品与此截然不同，明显地为章氏哥窑东凑西拼"史实"。

6. 章氏后裔叫章溢。这狗尾续貂的一笔真是扯到家了，章溢何许人啊？是明朝开国大功臣啊，朱元璋座前最信任的"浙

---

① 【明】高濂：《遵生八笺》，巴蜀书社，1988 年。

东四先生"之一，与刘基、宋濂、叶琛齐名，难道他也与皇帝朱元璋一样布衣出身？乾隆版《龙泉县志》卷十二明初王祎《章氏祠堂记》记载：章氏本为建（州）蒲城人，其先祖章仟钧，五代时闽国王王审知授节钺，镇守蒲城，抵御南唐。后封为检校太傅、高州刺史、西北面行营招讨置制使。"章氏之盛源于是矣。三世为都官郎中，讳重，尝猎于处之龙泉，至西宁乡，爱其山水明秀，因家焉。是为龙泉章氏之始祖。又三世为大将舍人，讳公琛，生五子，其后最繁衍，则今章氏五房所出之祖也。其第三子世安始即大将墓侧为祖堂，以祀太傅，而以都官、大将祔焉。祠之建且四百年中更变，故废弛既甚。而大将十二世孙溢，今乃重修之。隆其栋宇，改其垣墉……"①由此可见章溢虽为朱元璋打工，但出身可比朱皇帝高贵多了，且谱系清楚，祖上世代为官、为将，并不曾有劳力之人。中国古代讲究"学而优则仕"，劳心之人是不屑于劳力的，劳力之人想要成为劳心之人也是非常困难的，完全是两个很难融合的阶层。不能因为五百年前是一家，五百年后还是鱼龙一堆。

　　"二窑"条有此说，不知道是否受《浙江通志》"章溢隐居于此，筑室曰苦斋"的启发，"苦斋"二字下面小字就是刘基

---

① 转引自秦大树、施文博：《龙泉窑记载与明初生产状况的若干问题》，刊载于浙江省文物考古研究所、北京大学文博考古学院、龙泉青瓷博物馆合编的《龙泉大窑枫洞岩窑址出土瓷器》，文物出版社，2009年。

的《苦斋记》，正好在叙述琉田章生一生二窑文后（如图），马上将同乡同姓的两个人按文献的顺序关联了起来。如果没有这些志书的记载，还真被忽悠了。

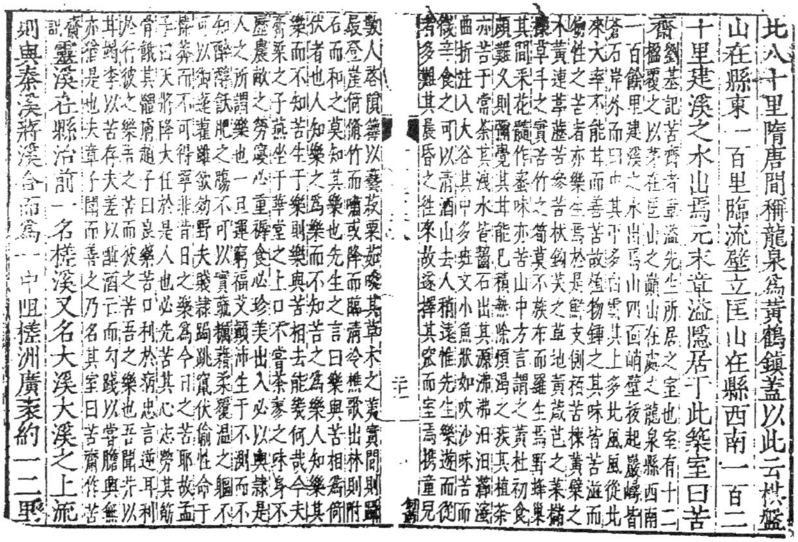

网络《浙江通志》影印本截图

　　《七修类稿》和《续稿》的作者郎瑛，字仁宝，明代浙江杭州府仁和县人，自号"草桥子"，世人称其为"草桥先生"。地方志和明清各家传记均不记载郎瑛生卒年份，连他的亲戚许应元《陶堂摘稿》中的《草桥先生传》都没有记录郎瑛的生卒年。后人根据《续稿》陈善序文有"嘉靖丙寅，先生春秋八十"之语，推断郎瑛大约生于明宪宗成化二十三年（1487 年）。故在引用《续稿》"二窑"条时，均注明嘉靖四十五年（丙寅）文献。

　　据《七修类稿》卷四十一记载，郎瑛父亲是位古董商，是明朝杭州人最早从汴梁贩卖古铜器的商人，这对郎瑛也有所熏陶，他也喜欢收罗古籍字画古印等。郎瑛向来体弱多病，亲戚中有多位懂医药、知方术的郎中，还有会巫术的女婿姑，但都没有将其病治愈。不知道是不是书上看来的，有病的他竟割股为其母治病，被作为"事母孝"而记载在传记中。郎瑛仅考了秀才，之后便绝意功名，"博综群书，恣意搜讨，于进取泊如也"①。郎瑛一生主要以做塾师为谋生手段，同时悉心治学，投身于著述中。据《草桥先生传》记载郎瑛的著作主要有"诗文及联句若干卷，订正孝经、大学格物传各一卷，萃忠录二卷，青史衮钺六十卷，七修类稿五十五卷"。

　　到清乾隆年间，《七修类稿》成了郎瑛的仅存硕果，其他著述都"阙焉不彰"了。《七修类稿》按类编排，分天地、国事、义理、辩证、诗文、事物、奇谑等七类。《续稿》原不分卷，清乾隆时，杭州人周時将其分为七卷。对于书名的意思，周時序文曰："七修之义，旧序不详，大都因类立义，刊修经时也"。《七修类稿》刊行以后并不彰显，直到清乾隆年间才重新出现在大众视线里，但声名并不太佳。《七修类稿》正稿

---

① 【明】许应元：《陶堂摘稿》。

五十一卷呈送《四库全书》编修馆时，编撰官员没看上，存了个目录。评曰："亦间有足资考证者，然采掇庞杂，又往往不详检出处，故踳谬者不一而足"。还认为其书论诗论史"全无事实"，妄加猜测，"著书卤莽"。书中极力诋毁《说郛》和《辍耕录》，编撰官给了一句非常精彩的评语"所谓人苦不自知也"①，自己见识浅陋，还无自知之明。以纪晓岚为首的《四库全书》编撰官，个个都是博览群书、饱读经史之辈，他们的评论极其重要，凡《四库全书》存目的，有总目提要的，一定要先参看一下，极有警示意义。

《续稿》极似郎瑛"采掇庞杂"、"不详检出处"的文风，"二窑"条也非常具有郎瑛特色，但笔者经过梳理，发现整本《续稿》非郎瑛所为，论证如下：

1. 明代无《续稿》

首先，明许应元《陨堂摘稿·草桥先生传》只提到"七修类稿五十五卷"，并无续稿。

《四库全书总目提要》载江西巡抚采进本，《七修类稿》五十一卷，未提到有《续稿》。

《明史·卷九十八·志第七十四·艺文三》记载："郎瑛《七修类稿》五十一卷"。《明史》于乾隆四年（1739年）张廷玉

---

① 《四库全书总目提要》卷一百二十七子部杂家类存目。上海书店出版社《七修类稿》附录，2015年。

最后定稿，进呈刊刻。从第一次开馆至最后定稿刊刻，前后经过九十多年，是官修史书历时最长的一部。也就是在长达九十多年的时间里始终没有出现过《续稿》。

从现存的版本看，广东省立中山图书馆有两部明刻本《七修类稿》，均无《续稿》。一部为清朝内府藏本五十一卷，有朱文"乾隆御览之宝"、白文"天禄继鉴"等印，无陈仕贤序，但有张之象序，仅存后半部分，该序清刻本均无收录。目录页尾处有郎瑛自书的启事一则。另一部仅存三十四卷，书末处有白文"山阴刘石夫鉴藏书"等印识，有陈仕贤序，无张之象序。

中山图书馆还藏有**清光绪**庚辰（1880 年）广州翰墨园重刊版《七修类稿》，此本题"仁和郎仁宝著"，书名由符翕题。此本共十二册，《续稿》一册，分七卷。正稿前有陈仕贤序和周棨重刊序，《续稿》前有陈善序。

上海图书馆藏有**清代中后期**苏州会文堂刻《七修类稿》五十一卷、《续稿》七卷。可见清代刻本才出现《续稿》。①

据王海研《郎瑛〈七修类稿〉研究》披露，扬州市图书馆存《七修类稿》明刻本，正稿五十一卷，有陈仕贤序和郎瑛自书启事。《续稿》一卷，按照《七修类稿》编排分七类，有陈善序。《续稿》每一类下均注明"杭仁和郎瑛仁宝著述"，并注

① 王海研：《郎瑛:〈七修类稿〉研究》，河南师范大学硕士学位论文，2006 年。除扬州图书馆藏本外，其他版本情况多来源于此论文。

明校刊者。天地类、国事类、辩证类、诗文类为"杭钱塘陈植槐校刊"，义理类是郎瑛亲自校刊，事物类由"滇南曲靖张树声校刊"，奇谑类无校刊人名。

由上可见，明刻本除扬州图书馆藏本以外均无《续稿》。为此，笔者亲往扬州查看了该版本。据古籍部主任徐时云介绍说，定为明刻本并无很明确的证据。《续稿》一册七卷，前后并无刊刻时间，笔者猜想可能是依据明代二陈的序文以及《七修类稿》纸张柔软泛黄之故，其他看不出有什么明代特征。

根据现场目鉴，《七修类稿》和《续稿》绝非同一时期刊印（如图，上为《七修类稿》，下为《续稿》），《七修类稿》纸张泛黄，色泽均匀，且柔软平整；《续稿》纸张较白，薄而脆硬，每一张纸印完对折后，内里都要衬一张同样大小的旧书页。从可以翻开的一页看，衬里是《资治通鉴》内容，刻字、纸张、印刷都比《续稿》本身要好，其意图值得深思。该版本非常有特点，《七修类稿》首册前面五部分内容均为手抄，依次为陈仕贤序、

目录、郎瑛自书启事、卷一、卷二等。郎瑛自书启事的位置不伦不类，在目录之后，正文之前，排版每一行首字都比目录低两个字。类似的告白文字相当于跋文，或后记，一般都会在跋文的位置或书的最后面，在此不伦不类之地自书告白，有捡空白处肆意添加之嫌。

　　郎瑛自书告白其内容也很值得玩味："拙稿初为备忘，谬陋不计讨论，相知展转录出。昨 / 承诸公刊之于闽，愧罪不胜，字有乙者、漏者、鱼鲁 / 者、目录不对而间断失款者，由书者非人而刻非 / 一时，贫贱未能更也，愿览者情照而教焉。/ 仁和郎英（原文无王字旁）顿首告"（斜杠处为换行）此段启事在目录之后空白处手写的，内容说书在福建刊印，错误百出，无钱更正，请大家谅解等。与郎瑛同时的明代笔记小说、杂记少见对《七修类稿》批评的。署名为陈仕贤、陈善那些明代大官序文也都是阿谀之词，何来批评之声？所以根本用不着来自我检讨。除非是郎瑛耳闻，而且是如雷贯耳的批评声，才有可能使其"愧罪不胜"地来一通告白。另外，告白好似再版声明，如此畅销的书籍，何来"贫贱未能更也"呢。对《七修类稿》严厉批评唯见乾隆年间《四库全书》总目提要，正经的编撰官们翻阅了《七修类稿》后，才有现在我们能看见的诸多不留情面的批评。所以，自书告白文字属于不打自招，让明代的郎瑛从棺材里爬出来，承受清代人的批评，还惶恐不安地写检讨书，实乃画蛇添足。

对于手抄告白文字的书法，笔者请教了浙江省文物鉴定审核办的书画鉴定专家周刃先生，他认为书写的字体应该是清中晚期人写的，而且运笔稚嫩，没多少书法功底，仅仅是会写字而已。可见，造假也是要花钱的，告白中"贫贱未能更也"倒是一句大实话，作假的人已经花不起这个钱了（可能就算花得起也感觉回报不了），所以随便找一个会写字的抄写一下，装订成书了。这不伦不类的样子，郎瑛在天之灵不知道有没有痛心疾首啊。

与此相似的是《续稿》特意加注了校刊者，如"卷一天地类"加注"杭钱塘陈植槐校刊"，貌似更加仔细认真了，但结果和郎瑛自书告白相矛盾，错误仍然很多。明代文献就已记载的《七修类稿》没有校刊者，清代出现的《续稿》却信誓旦旦地有人校刊了，与郎瑛告白书说没有钱修改是相矛盾的。《续稿》与《七修类稿》比文字量很小，却要二人校勘，且自书自校的情况也是奇葩。

《续稿》的卷一和卷二首行字并不是"七修**续稿**"，而是"七修**类稿**"，到第三卷才改成"七修续稿"。这就使得笔者想到《陶堂摘稿·草桥先生传》中说《七修类稿》是五十五卷，而广东省立中山图书馆两部明刻本中有一部仅存三十四卷，这说明最初的编排和现在我们所看到的《七修类稿》是不一样的，曾经散佚得很厉害。而清代才出现的《续稿》最初是不分卷的，扬图的《续稿》第一篇首行是"七修类稿天地类"，尚未改成"续稿"。到乾隆四十年，周時将《续稿》"今晰为七"。也就是说从郎瑛付梓出版，到清乾隆年间，中间有二百年左右时间里版本变化很大，乾隆以后的人无从知晓其中的变故，很可能今非昔貌了。

《续稿》乾隆年间才现身，其内容的组成便不清不楚了。推其缘由，可能来自三部分内容：一是《草桥先生传》所载五十五卷中散佚的部分。从五十五卷到五十一卷，有拆散后，将四卷内容分归到五十一卷的可能；也有全部散佚或部分散佚、部分整合的可能。二是郎瑛尚著有《萃忠录》、《青史衮钺》等文集，均遗失不存，或有散落民间的篇章，被编入《续稿》；三是后来好事者伪编的，摘抄其他文稿加以改编，或直接伪造，编入了《续稿》。《续稿》一二卷标题为"类稿"，应属第一种情况；卷六及"二窑"条应属第三种情况，属清人伪造的。类似的晚明笔记小说非常之多，摘抄修改成新条目很容易办到。"二窑"条文献不能作为明代信史加以引用。

2. 陈善序是伪序

《续稿》陈善序的影响很大，现在研究《七修类稿》的人不多，但都会用到文中的一句话："嘉靖丙寅，先生春秋八十"。查历史年表"嘉靖丙寅"为嘉靖皇帝执政最后一年四十五年（1566 年），研究古陶瓷的在引用"二窑"条时也据此注明嘉靖四十五年文献。虽然托名很大，但越是名气大的，其生平事迹文献记载得越多，作伪就越容易露出马脚。

陈善（1514 ~ 1589 年），字思敬，号敬亭，钱塘（今浙江杭州）人。嘉靖二十年（1541 年）进士，授歙县知县，历云南按察副使、滇南督学，迁云南右参政。以忤镇守太监及御史，被诬落职，后复职。官至云南左布政使。著作颇丰，有《杭州府志》、《黔南类编》等。陈善虽为钱塘人，与郎瑛是同乡，但一直在外为官，何时能面见郎瑛为其作序，其时间点就经不起推敲。

关于郎瑛的生卒年，许应元《陭堂摘稿》有郎瑛唯一的传记《草桥先生传》，奇怪的是许应元是郎瑛的亲戚，传记中却没有记载郎瑛的生卒年，只是将郎瑛吹嘘了一番。按一般理解，为他人写传记，被叙写的人应该已过世，盖棺定论嘛，所以《陭堂摘稿》刊行之时，郎瑛应该已不在世了，那《陭堂摘稿》的刊行时间应成为郎瑛卒年重要参考年份。《陭堂摘稿》前有福建布政使司右布政使游震得写的序，时间是"嘉靖辛酉冬十月"，辛酉是嘉靖四十年（1561 年），那么嘉靖四十五年郎瑛尚健在的可能性很小。陈善是郎瑛的老乡，年纪小于郎瑛，要让陈善为郎瑛写序，只有放到嘉靖四十五年，落款的那些官衔才套得进去。那要证明郎瑛嘉靖四十五年还活着，并续写了《续稿》，只有在书中表白一下，强扭的瓜不甜，强行塞入的"嘉靖丙寅，先生春秋八十"句非常突兀，貌似背书了，效果适得其反。造假的人往往顾此失彼，落款人名的头衔"赐进士出身亚中大夫云南右参政前奉敕提督两省学政钱塘陈善撰"写得很完整，却没有时间，和序文"嘉靖丙寅"形成了鲜明的对照。陈善是何许人啊，《杭州府志》的编纂者，怎么可能忘了落款时间，只有一种可能，作伪者不了解陈善，不知道落什么时间合适，又怕时间落错而露马脚。

序文的内容也疑点甚多，且不说满纸的阿谀之词，其商业味也与陈善的身份很不相符。序文中有"未及印摹而四方好奇之士购求恐后"句，极似商业推销之语，这和明代社会文人士大夫鄙视商人和商业活动极不相称。明代是一个极其专制保守社会，开国皇帝朱元璋从军之前一直生活在社会底层，受尽压迫和凌辱，极其仇视官僚和富人。当他打下江山以后，除了种田读书，一律在他打压的范围之内，儒家重农抑商政策被发挥到无以复加地步，宋元繁荣的海外贸易也被朱元璋"片板不得下海"的禁令所扼杀。所以，作为嘉万朝的进士和高官，陈善不可能写如此露骨的商业促销之语，要见陈善文风，可参阅其编撰的万历《杭州府志》序文。

再者，《碕堂摘稿》吹嘘郎瑛"行省及台郡守丞以下二县之大夫，下车常先过问先生之庐"、"宿望钜公尤器重先生，与为交友"，如此名望已过诸葛亮和姜子牙了，但郎瑛的《七修类稿》也好，《续稿》也好，提到的人物很多，却没有陈善，也就是陈善并不是郎瑛的朋友圈，突然为其作序，岂不怪哉。

因此，综上所述推测陈善根本就不认识郎瑛，更没有时间、没有可能为如此舛讹百出的著作写序。陈善序就如同宣德三谱中的杨荣、于谦序一样，用同为杭州人的高官陈善为伪书背书。所谓"嘉靖丙寅，先生春秋八十"是作伪者刻意为之，目的是替《续稿》做假的出生证。如此，用嘉靖四十五年《七修类稿续编》解释《浙江通志》章生一哥窑传说故事，无异于"宋哥窑演义"了。

3."二窑"内容孤立

"二窑"条与《七修类稿》在内容上缺乏联系，非同一人所为，也就是说"二窑"条不可能是郎瑛散佚的书稿。《七修类稿》卷二十三辩证类有"《格古要论》当再增考"条，从该条文献看，郎瑛对陶瓷不感兴趣，甚至不具备陶瓷方面的知识。为便于理解，全文引录如下：

《格古要论》一书，洪武间创于云间曹明仲，天顺间增于吉水王功载，考收似亦博矣。偶尔检阅，不无沧海遗珠之叹。若《琴论》后当入古笙管，《淳化帖》后当收《谱系》一卷，珍宝门欠楚母绿、圣铁，异石类欠大理仙姑，异木欠伽蓝香，古铜中欠古镜、布刀等钱，杂考欠刚卯，《纸论》欠藏经笺，且珍宝后当设一羽皮，如狐貉、孔雀、翡翠、豹兕之类，而文房门岂可不论宋元书刻？至于《博古图》中之器、各省志内之刻又一考之，必尤有所增也。

从叙述的内容看，郎瑛翻阅的当是王功载的《新增格古要论》，他在"沧海遗珠之叹"后所列当增考的内容并未提及古窑器，似乎缺乏对古窑器的认知，这和《七修类稿》卷四十一"古镜"记载"先君谢世，遗有四铢等钱一柜，鼎、瓶等数十件，镜三十余面"的事实相一致；也和卷四十二记载他喜好收藏古籍和古图书（古印）相符。《新增格古要论》已将曹昭的"哥窑"改为"哥哥窑"，还新增了"吉州窑、古龙泉窑"，如果郎瑛对古窑器略知一二，必然会对"旧哥哥窑出"加以完善，也会对古龙泉窑提出自己的章窑观点。或许有人说《续稿》是后编的，后来他学习了这方面的知识以后才记录下来的。那也是一样的，郎瑛一定会将自己的"二窑"论与《新增格古要论》的"哥哥窑"辩证一番，会说王佐搞错了，不是"哥哥窑"，应该是"哥窑"，名称来自于"以兄故也"。还会说"古龙泉窑"就是弟窑啊，"土脉细薄"我和你们有同感，古龙泉窑还有一个名字叫"章窑"。按照郎瑛好诋毁他人的作风，一定会说曹昭、王佐，你们真是知识浅薄啊！但是这些都没有发生，"二窑"条只字未提，估计"二窑"的编撰人根本就没有认真读过《七修类稿》，又哪里会把前文的疏漏解释清楚。因为《七修类稿》和《续稿》非同一人所为，所以内容的编排上也不一致，"《格古要论》当再曾考"条是放在"辩证类"的，"二窑"是放在"事物类"的，理解不一样，结果当然不同。

4.《五杂俎》旁证没有"二窑"

明代隆庆元年（1567年），福建长乐人谢氏在钱塘（现杭州）生了一个男孩，因出生地之故，为孩子取名曰肇淛，字在杭，别号武林。谢肇淛万历二十年举进士，官拜湖州司理、东昌司理，历任兵部职方司主事、工部屯田司主事转员外郎、督水司郎中、云南布政使司左参政兼金事、广西按察使等。为宦之余，考察风土人情，留意著述，其中以《五杂俎》最为著名。《五杂俎》后有丙辰仲夏潘膺祉写的跋文，故知此书在万历四十四年（1616年）之前已付梓，为谢氏生前刊行的著作。《五杂俎》现存为明刻本，尚未见清代刻本，不存在版本问题。

《五杂俎》分天、地、人、物、事五部，共十六卷，其中"卷十·物部二"提到《七修类稿》谓不但琼花不传，即聚八仙亦不知何似，而以绣球花当之。余谓郎仁宝与杨用修皆因不识聚八仙，故遂妄模琼花耳"。可见谢肇淛对郎瑛及其著作《七修类稿》都非常了解。但在"卷十二·物部四"谈到当时古玩级的瓷器时，并没有提到郎瑛对哥窑和龙泉窑的看法。"柴窑之外，有定、汝、官、哥四种，皆宋器也。流传至今者，惟哥窑稍易得，盖其质厚，颇耐藏耳。定汝白如玉，难于完璧，而宋时宫中所用率铜钤其口，以是损价"①。他在花卉上倒是与郎瑛计较，陶瓷上反而不计较了，按照前文的口吻，谢应该说郎瑛哥窑南宋说和我相似，土脉细薄一定是弄错了，哥窑是因为质厚才有如今的稍易得。文中没提开片，也没有色青浓淡不一，更没有紫口铁足，无疑是没有读到过《续稿》"二窑"条。

谢肇淛所处的万历朝与《七修类稿》以及被认为是嘉靖四十五年的《续稿》在时间上相距不远，谢氏没有论及《续稿》，也没有论及"二窑"，足见现今经常引用的南宋哥窑说是多么的不靠谱。

那么《续稿》和"二窑"是什么时候的伪书呢？笔者根据周時的序文落款为乾隆四十年，推测《续稿》成书时间应该在乾隆中期。再据周時序文："方今朝廷搜罗群籍，纂辑《四库全书》……犹拳拳奉此陈编，不敢自秘……"，说明其真正目的与宣德三谱一样，想进《四库全书》。但《七修类稿》五十一卷曾被拒收，便别出心裁地搞了七卷《续稿》以为别版，故此。

---

① 【明】谢肇淛:《五杂俎》·卷十二，上海古籍出版社，2012 年。

第四节 《留青日札》与《留留青》

　　这两部文献书名都有关键字"留青"，应该是有关联的，但是现在所见研究者引用时的描述，似乎都不太明晰，甚至是搞乱了。如 2002 年杭州南宋官窑老虎洞窑址国际学术研讨会论文集《南宋官窑与哥窑》中有李宝平先生《元明文献中记载的哥窑及相关问题》文章，在梳理元明文献时谈到这两部文献及关于哥窑的条文，为方便讨论，此节全文截录如下：

　　　　明田艺衡《留青日札》有《留留青》刻印本，卷六谈陶磁"哥窑"条："宋时处州章氏兄弟皆造窑，兄所作者，视弟色稍白而断纹多，号百圾碎，故曰哥窑。有火碎文，铁足，胎土极坚细如铁者。"田氏字子艺，钱塘人，该书有万历甲申（1584 年）刻本，则最晚作于 1584 年。

　　文后注释显示文献来自于上海古籍出版社点校本，1992年出版。从李宝平先生的描述看，是《留青日札》辑录了《留留青》，后者早于前者，根据前者有万历十二年刻本，判断文献最晚时间是1584年，即万历十二年。据此，在梳理文献时，将此文献排在郎瑛《续稿》之后，在黄一正《事物绀珠》、高濂《遵生八笺》之前。整段文字《留留青》的作者是谁也没有表述清楚，卷六是属于前者的还是后者的？其中的关系不是很明晰。

　　故宫博物院《哥瓷雅集》附录有哥窑文献辑选，在辑选该条文献后注释："（明）徐爌升编：《留留青》，收录于（明）田艺蘅著《留青日札》，《浙江文丛》，浙江古籍出版社，2012年"。描述两部文献的关系比李宝平先生所述清楚了一些，注明是徐爌升编《留留青》，哥窑条出在《留留青》中。《留青日札》收录了《留留青》与李宝平先生所述相似。辑选文献在排序上将此排在《遵生八笺》之后，说明编者并不认同《留留青》是万历十二年之前的文献。

　　由于信息不太明晰，又事关"宋处州章生一哥窑"文献的始作俑者，故笔者查阅了相关资料，发现两者在引用上都没有弄清楚两部文献的关系及源头。根据网络下载的田艺蘅《留青日札》，发现整部图书在隆庆末年已经完稿，书前有万历元年德安刘绍恤序，隆庆六年南海庞嵩序，隆庆六年（壬申）的"自赞"诗文和小像八字。所见图书版本是其孙田益、外孙徐□（字迹模糊）于万历己酉年（万历三十七年）付梓出版，原版上"己酉"误刻为"巳酉"。此前，还有万历甲申本（万历十二年）刊行。《留青日札》每一卷卷首都有"钱塘田艺蘅子秇撰/倩徐懋升玄举校"①。田艺蘅，字子艺（也作子秇），号品嵒子，钱塘（今杭州）人，著名学者田汝成之子。生于嘉靖甲申年（1524年），万历十一年过六十大寿，没有明确的卒年。田氏克绍家学，博学多闻，史称其"作诗有才调，为人所称"。《留青日札》乃田氏将其留心札牍所遇"可喜、可愕、可哂、可疑、可怪、可奇"之事汇为一编而成，共三十九卷。徐懋升是田艺蘅女婿，帮助田艺蘅校勘了全部的文稿，卷首都有"倩徐懋升玄举校"之语。倩，是古代"女婿"的书面用语。所以对于女婿校勘者徐懋升编《留留青》，笔者一直是满腹狐疑的。

《留留青》的意思是"留《留青》"，《留留青》前有《田子艺小传》，作者为乔时敏，文曰："予令仁和，人觊，携先生所著《留青日札》，舆中手为校订，删厥繁芜，择其韵可人诗、雅堪佐谑者若干则，录之管城，行付杀青，有涉书而行其意者，知子艺所留者书，所以不留者非书也……子艺倩徐玄举懋升，风雅不愧妇翁，再为留青以留之，予非敢删《留青》，留

《留青》可也。"① 可见所谓《留留青》是《留青日札》的摘抄，并非原创。这里的摘录者有点模糊，是徐懋升，还是乔时敏？从"再为留青以留之"看，似为徐懋升摘录。从后句看应该是乔时敏择录。前文说乔时敏在杭州做官（予令仁和），将他人觐见时带来的《留青日札》进行校订，摘录部分其认为好的编成了书（录之管城，行付杀青）。所以说徐懋升之语应为对他校勘《留青日札》的赞语，非徐懋升作《留留青》"。

故事并没有完，哥窑是怎么回事呢？笔者浏览了《留青日札》并没有发现论哥窑的文字，也没有论陶瓷的章节，只有卷三十五讲严嵩被抄没家产时，在物品清单上有"哥窑柴窑"项，没有具体描述。故《留青日札》既没有哥窑条，也没有谈陶瓷卷。附录于《留青日札》之后的《留留青》卷六谈陶瓷，是上海古籍出版社编辑者重新点校出版《留青日札》时，辑录了《留留青》卷六的全文附录于后。卷六是《留留青》的卷六，可能是编者发现卷六内容在《留青日札》中并没有存在，恐有遗漏，故附录之。卷六因是《留留青》最后一卷，在排除伪造的情况下，那就是乔时敏自己编撰的，貌似留（田艺蘅的）《留青》，实与田艺蘅无关，与《春风堂随笔》异曲而同工，属明目张胆的移花接木，欺世盗名。以前五卷摘录田艺蘅著作铺垫，加塞卷六

---

① 【明】乔时敏：《留留青·田子艺小传》。

自己陶瓷观才是目的。

其实卷六"哥窑"也并非其原创观点，细读此条文献似曾相识，与王世贞《弇州四部稿》记载的"宋时处州章生兄弟皆作窑，兄所作者视弟色稍白而断纹多，号百圾碎，故曰哥窑"[①]相似，除"作"与"造"字不同，其他一模一样。问题是谁抄袭谁的？如果冒隆庆末年《留青日札》之名，就是王世贞《弇州四部稿》抄袭《留留青》了，但摘掉"留青"的光环，无疑是乔时敏抄袭王世贞了。古人真会玩啊！为了不引起注意，《留留青》"哥窑"二字后面紧跟着说"有火碎文，铁足，胎土极坚细如铁者"。此语《弇州四部稿》没有，属乔时敏自己的认识，后来的《通雅》中有相似的内容，但与王氏所云相冲。紧接着又莫名其妙地说："次，象窑，色如象牙。又次，彭窑"。象窑和彭窑在《格古要论》中都有描述，是仿定器的白瓷，乔时敏将两窑放在"哥窑"条下，不明白是何用意，与哥窑又有什么关系？

---

① 【明】王世贞：《弇州四部稿》。

第五节　钧沉发覆宋哥窑

既然上文所说的宋哥窑都是假的、编造的、抄袭的，那总有始作俑者的吧，没错，他就是晚明时期鼎鼎大名的王世贞，他的《弇州四部稿》就是宋哥窑的源头。

王世贞（1526~1590 年），字元美，号凤洲，又号弇州山人，南直隶苏州府太仓州（今江苏太仓）人，明代文学家、史学家。嘉靖二十六年（1547 年）进士，先后任职大理寺左寺、刑部员外郎和郎中、山东按察副使青州兵备使、浙江左参政、山西按察使。万历时期历任湖广按察使、广西右布政使，郧阳巡抚。后因恶张居正被罢归故里。张居正死后，王世贞起复为应天府尹、南京兵部侍郎，累官至南京刑部尚书，卒赠太子少保。

王世贞与李攀龙、徐中行、梁有誉、宗臣、谢榛、吴国伦合称"后七子"。李攀龙故后，王世贞独领文坛二十年，著有《弇州山人四部稿》、《弇山堂别集》、《嘉靖以来首辅传》、《艺苑卮言》、《觚不觚录》等。

《弇州四部稿》共一百七十四卷，按《四库全书》提要说法，"四部正稿为世贞抚郧阳时所刊"。王世贞万历二年九月任郧阳巡抚，四年六月就离开了，前后不到两年，但政绩显赫，闲暇时间不会多。而张居正被罢闲居故里时，比较闲暇，此时刊刻的话时间上比较富裕。张居正卒于万历十年，王世贞真正重新启用于万历十二年，所以此书完成于万历早期是没有疑问的。

《弇州四部稿》第一百七十卷"说部/宛委余编十五"有关于哥窑的论述。宛委，传说禹登宛委山得金简玉字之书，因以借喻书文之珍贵难得，"宛委余编"就是杂说各种图书文物珍宝篇章。其中最为（关注哥窑问题的）人们所熟悉的就是宋哥窑的论说。这段经常被引用的文字虽然没由来地说"宋时"，但也看不出其中的端倪。第一个"又"字，说明前面还有内容，推展整条文献，宋哥窑仅仅是冰山一角，"又"字前面有一大堆猫腻。

　　舜为陶器迄于秦汉，今河南土中有羽觞无色泽者即此类也。陆龟蒙诗所谓："九秋风露越窑开，夺得千峰翠色来。"最为诸窑之冠。至吴越王有国日愈精，臣庶不得通用，谓之秘色，即所谓柴窑也。或云制器者姓，或云柴世宗时始进御。云宋以定州白

磁器有芒不堪，遂命汝州造青窑器，北唐邓耀州悉
有之，而汝窑为冠。处州之龙泉与建安之乌泥品最
下。政和间京师自置窑烧造，曰官窑。文色亚于汝，
价亦然。钧州稍具诸色，光彩太露，器极大。中兴
渡江，有邵成章提举号邵局，于修内司造青器，名
内窑。模范极精，油色莹澈，为世所珍。又宋时处
州章生兄弟皆作窑，兄所作者视弟色稍白而断纹多，
号百圾碎，故曰哥窑。①

"又宋时"哥窑之前的论述似曾相识，与南宋叶寘的《坦
斋笔衡》非常相似，又有所不同。论说的思路、行文次序相似，
大部分内容也相同，相同的地方进行了删减、篡改。如"北唐
邓耀州"前省略了"故河"，使语义产生了歧义；"邵成章提
举"后面省略了"后苑"，那邵成章是什么职责的提举就不明
确了。古代文人的文字功底都是甚为了得的，岂是可以任意删
减的，这些删减貌似可避抄袭之嫌，其实篡改了文意，贻害无
穷。另外王氏为了表现文献的归属，任意添加道听途说、捕风
捉影得来的个人见解，如秘色即所谓柴窑就是其夹杂进去的，
也是目前所知柴窑就是秘色瓷观点的源头。在"汝窑为冠"之

___

① 【明】王世贞：《弇州四部稿》。

后,《坦斋笔衡》说的是龙泉窑烧类似产品,王氏却将《坦斋笔衡》中与南宋官窑相提并论的乌泥窑上移到汝窑类青瓷中,完全不顾乌泥窑是黑胎青瓷的特点,并不知何所本地说乌泥窑在建安(《留留青》"龙泉窑"条"建安乌泥窑品最下"来源于此)。所以整段文字让人很无语,貌似脉络清晰,却无助于任何陶瓷问题的解决,反而混淆了很多本来是明晰的史实。好在《坦斋笔衡》没有失传,人们很容易看到真相。真相是这宋代的文献并没有提到哥窑、哥哥窑或哥哥洞窑,也就是说赫赫有名的哥窑在南宋晚期还不为人所知,而不太听说的北方唐、邓窑学汝窑,南方的乌泥窑、余杭窑、续窑学官窑却被记载了下来,岂非咄咄怪事。然而王世贞选择性地忽略了这些情况,想当然地"又"补充上了"宋哥窑"。整篇文字时间链非常完整,但内容没有来源,相互之间又缺乏逻辑关系,应该是非常王世贞式的高级的剽窃行为。

王世贞学富五车,自认为才高八斗,《四库全书总目提要》曾说:"考自古文集之富,未有过于世贞者。"但同时又说:"惟其早年,自命太高,求名太急,虚骄恃气,持论遂至一偏,又负其渊博,或不暇检点,贻议者口实"。其实王世贞负其渊博、不暇检点不仅仅是早年的缺点,而是一贯的,这与他做学问、研究史学的指导思想有关,他最崇拜司马迁及其《史记》,《史记》被誉为"史家之绝唱,无韵之离骚",是史学与文学的珠联璧合。王世贞看中的就是其文学性的一面，正好卖弄他的学问，这一篇被王世贞完善的陶瓷史，就是王世贞特色的反映，从不提资料的来源，很随性地根据他读到或听到过的知识进行编排，所以论官窑之后，来了一个"又"字，将章氏哥窑想当然地放到了宋代。哥窑之后，依然是明人不屑于说元代，直接说明朝瓷器了。

　　其实王氏的"章生兄弟"说也是有来路的，其知识的来源应该是《浙江通志》中的处州章生一哥窑的传说故事。《浙江通志》是浙江总督胡宗宪主修的首部省志，胡宗宪是嘉靖十七年进士，王世贞是嘉靖二十六年进士，在嘉靖时期同朝为官，嘉靖四十一年胡宗宪在文官斗争中被陷害下狱，王世贞还为其辩白过。以王世贞自负渊博的性格，不可能没有读过首部省志的，这也是当高官的特权，普通小官和文人士子想看还看不到呢，王世贞怎么会放弃这种知天下事的特权呢！但在使用这则龙泉章氏兄弟的故事时，再一次发挥了王世贞特色，习惯性地省却了来源说明，对文献进行了"想当然"的改编，将"未详何时人"肯定为"宋时"。文献没用章生一生二全名，既省笔墨又抹去了抄袭之嫌，体现了大文豪的高明之处。文中没有明确烧窑之地，章生兄弟前的"处州"，只能说明兄弟俩是处州人，不能因此而确定在处州烧窑。不过大文豪下笔言简意赅，"宋时处州"也可能包含在处州烧窑的意思，也算是有烧窑地点了。哥窑产品是"视弟色稍白",这其实有点无缘无故,因为"弟色"是什么颜色并没有交代清楚,青瓷的颜色有深青色、淡青色、翠青色、粉青色、米黄色、青灰色、月白色等等,"弟色"不说明白,"视弟色稍白"等于白说。再次反映了东抄西摘造成的行文没有逻辑,只有时间上的连缀。这里还出现了一个新名词——"百圾碎",此为王世贞首创。通志的处州章生一哥窑经过王世贞满腹经纶的消化,**大文豪版的宋时～章氏兄弟～百圾碎(后有百圾破)～哥窑的组合套餐就新鲜出炉了**,"宋哥窑"陷阱从此盛行江湖。《四库全书总目提要》说:"自世贞之集出,学者遂剽窃世贞"。这在宋哥窑之说中得到了充分的反映。乔时敏应该是第一个剽窃者,而且剽窃水平低劣,几乎原文照抄,还试图利用"留《留青》"来避嫌,庶几成功了。

从简单到复杂的一般规律看,《春风堂随笔》的哥窑条也可能来源于此,但手法明显地高明多了,不是简单地抄袭,而是改编。先明确了生二的青瓷为"纯粹如美玉",也算是可以想象的釉色;再将"视弟色稍白"改编成了"生一所陶者色淡",为另一种"浅白断纹"仿哥瓷背书。但"百圾碎"等语太过于暴露,那就把哥窑条直接移植进了大名鼎鼎的陆深笔记中,就先于王世贞了,不会引起人们的怀疑,事实上确实成功了。王世贞名气太大,抄他书的人也多,避免被人看出来也是很重要的。陆深在吴下,王世贞居吴中,苏州又是当时最大的伪书制造基地，相距都很近，文献抄袭、作伪是非常方便的。

在该卷近末尾处，王世贞说："杯盂之类，窑器兴而古铜几废者，以其能易味也。窑有柴、汝、官、哥、定，及彭、建、龙、钧之类，柴不可得矣。今宣窑兴而与汝争价"。这让人不禁想到《宣德鼎彝谱》中的"并内库所藏柴、汝、官、哥、钧、定各窑器皿"，无非是将后面的钧窑移到了前面。可见所谓五大名窑之说，也与王世贞的《弇州四部稿》不无渊源，但其广泛传播还真得力于伪书《宣德鼎彝谱》的宣传。

王世贞是明晚期的大文豪，读书多，著作也多。但在著书立说时，免不了明代文人恃才傲物、自以为是的想当然，从而成了后来人再说宋哥时的"所本"。文人大多手无缚鸡之力，但常常以笔为刀，伤人于无形。张居正生前阻挡了王世贞的仕途，张死后，王为他写了一部《张公居正传》，虽然也有称誉，更多的用传闻逸事、细枝末节来描画张公虚伪矫饰而天性刻薄，充分施展了司马迁的春秋笔法。武人伤人一时，文人害人一世，甚至贻害无穷。如秘色即柴窑、（青瓷型）建安乌泥窑、宋处州章生一哥窑、系列名窑组合的提出等，至今仍在扰乱古陶瓷研究，令人扼腕叹息。

晚明，是中国历史上一个非常特殊的时期，此时社会经济虽然迅猛发展，但世风日下，人心不古，文学艺术呈现畸形繁荣，出版事业也紧跟着虚火旺盛。因利益的驱使，造假成了一

个重要产业。"文汇笔会"网 2015 年 3 月登载了署名陈大康的
《明人的造假与买假》一文，以古文献的记载，揭露了明晚期的
造假情况，从吃的杨梅、鸡鸭鱼肉，到用的席子、毛笔纸张通
通都有造假售假，成了一种普遍的商业行为。而造假最厉害的
是印刷业，如故意用软一点的木头雕刻，稍一印刷，很快就字
迹模糊了。官修的万历《杭州府志》很多版面都是模糊不清（如
图），更不要说其他的了。印刷业中造假最甚的是假家谱，连孔
圣人后代的家谱以一船大米的代价卖给了姓孔的暴发户。

万历《杭州府志》一页

印刷业中还有一项重要的造假事业是伪造古书，即文物工作者经常参考的古文献，万历时高濂的《遵生八笺》有明确的记载，辑录如下与大家分享：

> 近日作假宋板书者，神妙莫测。将新刻模宋板书，特抄微黄厚实竹纸，或用川中茧纸，或用糊褙方帘绵纸，或用孩儿白鹿纸，筒卷用棰细细敲过，名之曰刮，以墨浸去臭味印成。或将新刻板中残缺一二要处，或湿霉二五张，破碎重补。或改刻开卷一二序文年号，或贴过今人注刻名氏留空，另刻小印，将宋人姓氏扣填两头角处。或妆茅损，用砂石磨去一角。或作一二缺痕，以灯火燎去纸毛，仍用草烟熏黄，俨状古人伤残旧迹。或置蛀米柜中，令虫作透漏蛀孔。或以铁线烧红，锤书本子，委曲成眼。一二转折，种种与新不同。用纸装衬绫锦套壳，入手重实，光腻可观，初非今书仿佛，以惑售者。或札伙囤，令人先声指为故家某姓所遗。百计瞽人，莫可窥测，多混名家售收藏者，当具真眼辨证。

虽然"古之人不余欺也"，但欺人的古人也不在少数，特别是刚刚脱离严刑峻法、苛政酷吏的明代晚期之人，不以造假为耻，公然挂牌经营，对于文献造假，早已轻车熟路，如同家常便饭一般。印刷业的造假延续至清代乾隆时达到了顶峰，都想编造一些奇书、别版图书卖给乾隆皇帝编《四库全书》。所以，此一时期的文献要审慎地对待，以免落入好事者的圈套。

综上所述，将五部关于宋哥窑文献情况列表如下：

文献名	时代、人名	烧窑地点	窑名	产品特征	文献时代	文献考证时代
宣德三谱	宋	明内库所藏	哥窑	（仿宋哥窑）铜炉	明宣德三年	清乾隆时伪造
春风堂随笔（哥窑条）	宋时章生一生二	龙泉琉田	哥窑官窑类	浅白断纹百圾碎；纯粹如美玉官窑类。	嘉靖二十三年	哥窑条明末伪造
七修续稿（二窑条）	南宋章生一生二（后裔章溢）	处州龙泉县	哥窑龙泉窑章窑	断纹百圾破（其他同弟）；色青釉纯、铁足土细	嘉靖四十五年	清乾隆时伪造

续表

文献名	时代、人名	烧窑地点	窑名	产品特征	文献时代	文献考证时代
留留青·卷六	宋处州章氏兄弟	不明确（疑似处州）	哥窑	色稍白号百圾碎，铁足土坚细	貌似《留青日札》成书的隆庆六年	万历33年
弇州四部稿·宛委余编十五	宋处州章氏兄弟	不明确（疑似处州）	哥窑	色稍白号百圾碎	万历初（二至四年）	文献时代属实

从表中不难看出文献显示的时代顺序与考证出来的实际时代顺序几近相反，文献实际时代是明万历初期到清乾隆晚期，没有一条能超过万历的，引用最多的文献多属伪造，其中两部伪造的时间在清乾隆年间，占比为2/5。最早的宋哥窑文献实则是最晚伪造的，而不显山露水的《弇州四部稿》却是宋哥窑论的源头，许多研究哥窑的文章，在梳理文献时都将此部文献忽略不论，不知是假文献的影响超过了他呢，还是其隐身功夫高的缘故。《弇州四部稿》文献本身不假，实实在在是王世贞撰写的，但"宋时～章氏兄弟～百圾碎～哥窑"的组合，乃是王氏以古代文人编造典故的"想当然"传统编造出来的，将《浙江通志》章氏兄弟哥窑故事与现实的百圾碎瓷器搅和在一

起，想象为宋时，以他的声名为后人布下了"宋哥窑"陷阱。其"色稍白"的产品特征影响了"浅白断纹"哥窑的产生，其后类似的"浅白"宋哥窑论全源于此。而这种"宋哥窑"与黑胎青瓷的真实哥窑背道而驰，其实就是各种仿哥窑，客观上为古董商贩卖假哥窑所利用。

读完《弇州四部稿·宛委余编十五》，发现宣德三谱中的六大名窑说，追根溯源竟然也是王世贞，可见，**搅乱哥窑问题的始作俑者就是王世贞。**

《四库全书总目提要》在批评《七修类稿》时说"以为不知姓名，必宋人所作……明人著书卤莽往往如此"。这不是郎瑛著书的个别现象，而是晚明社会的普遍现象，乃至现今也莫不如此。粗厚的往元代靠，精细奇巧的往宋代靠，已形成惯性思维。

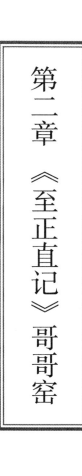

第二章 《至正直记》哥哥窑

关于哥窑的元代文献不多，目前仅孔齐的《至正直记》（以下简称《直记》），又称《静斋直记》、《静斋类稿》，也是研究哥窑被引用最多的文献。《中国陶瓷史》认为《至正直记》是解决哥窑问题的"另一个新线索"，并且指出："如果据此进一步追根求源，哥窑究竟出于何处，可能会得到解答"[①]。然而现在论者大多作为最早提及哥窑的文献摆设一下，解读也停留在"类官"的理解上，并不兼顾整篇文意，甚至把孔齐的"窑器不足珍"告诫当成是"一种偏见"[②]；更有甚者将《直记》没有记录弟窑视孔齐为"一个没有古陶瓷知识的人"[③]。《直记》是非常明确的当朝人说当朝事的文献，并有明确的记录时间，元代也成为唯一明确有哥哥窑瓷器生产记录的时代。文献中关于"哥哥洞窑"和"哥哥窑"的称呼，是能够查到的最原始的窑名；内中蕴含着原始信息，是破解名称意义的不二法门。

即便是现在有如此众多的考古资料，哥窑问题还是得不到一致的认识，甚至答案相去甚远，无非是以下三方面的问题没有达成共识：一是哥窑的性质，民窑还是官窑？或先官后民，抑或先民后官；二是哥窑的面貌问题，"类官"是很笼统的，具体是什么特征依然模糊，特别是明代人将片纹当作哥窑的审

---

① 中国硅酸盐学会编：《中国陶瓷史》，文物出版社，1982 年。
② 吕成龙：《试论哥窑的几个问题》，《哥瓷雅集》专论部分论文，故宫出版社，2017 年。
③ 张翔：《试论哥窑和弟窑》，《浙江文博七十年文萃》论文集，浙江大学出版社，1999 年。

美重点，人们的想象被片纹审美所范围；三是名称的意义。哥哥洞窑、哥哥窑、哥窑三者各自的意义，以及它们之间是否有关联，从来没有阐述清楚过。有些论者已经涉入语音探讨，但浅尝辄止，没有揭示根本原因。如此，仍要回到这仅有的、信息量极大的元代文献，通过仔细深入地解读文献及相关历史，理解时代背景对人、物和事件的影响；通过了解文字音韵、口语方言的发展变化，参悟语言意义。再来回看考古资料，将会得到一个全新的认知，答案也会水到渠成。

第一节 《直记》讨论

　　1363 年冬，是为元至正癸卯年。孔齐在书斋里写"窑器不足珍"的收藏心得体会时，回想起至正乙未年冬天在杭州买哥哥洞窑一香鼎之事，因为太像古官窑了，他就用这个事例来说明窑器不足珍。全文用了三个事例，都是当时收藏的热门瓷器：白瓷和青瓷。其文如下：

窑器不足珍

　　尝议旧定器官窑等物皆不足为珍玩，盖余真有所见也。在家时，表兄沈子成自余干州归，携至旧御土窑器径尺肉碟二个，云是三十年前所造者，其质与色绝类定器之中等者，博古者往往不能辨。乙未冬，在杭州时，市哥哥洞窑器者一香鼎，质细虽新，其色莹润如旧造，识者犹疑之。会荆溪王德翁亦云："近日哥哥窑绝类古官窑，不可不细辨也"。今在庆元见一寻常青器菜盆，质虽粗，其色亦如旧窑。
不过街市所货下等低物，使其质更加以细腻，兼以
岁久则乱真矣。予然后知定器官窑之不足为珍玩也。
所可珍者真是美玉为然。记此为后人玩物之戒。至
正癸卯冬记。①

　　孔齐，字行素，号静斋，别号阙里外史，山东曲阜人。
其父退之，曾任建康书吏，孔齐随父迁居溧阳。元至正壬辰
（1352年）红巾军攻占宜兴，孔齐南逃避祸，癸巳复回。乙未
兵祸又起，再走，经杭州、上虞，最后"寓鄞东湖"（即今宁
波）。《直记》就是他避居宁波时写的。写书的目的他在第一篇
"杂记直笔"说得很明白，"杂记者，记其事也。凡所见闻，可
以感发人心者；或里巷方言，可为后世之戒者；一事一物，可
为传闻多识之助者，随所记而笔之，以备观省，未暇定为次第
也"。怎么记，记什么，记下来干吗？都说得清清楚楚，主要
是为了"观省"，用以观省的事，必当直笔记之，来不得半点
虚妄，要不"省"出来观念也会发生偏差。书中所记之事在次
序上并没有先后之别，首篇末尾落款时间为"至正庚子（1360
年）春三月壬寅记"，最晚的时间是此记"窑器不足珍"中的"至

①【元】孔齐：《至正直记》，上海世纪出版股份有限公司、上海古籍出版社《宋元笔记小说大观》
　第六册，2007年。论述中与《至正直记》相关的引文均来源于此本。

正癸卯（1363 年）"（位于卷四倒数第九记），都是元代晚期至
正年间之事。《直记》中所记之事的时间顺序也很连贯，唯有
卷二"寓鄞东湖"落款"己巳"可能为刻板之误，至正时期没
有己巳年，只有乙巳年。所以，《直记》所记多为亲身经历之事，
基本可靠。

一、元代陶瓷鉴赏家孔齐

此则文献开宗明义曰"窑器不足珍"，并不是一时兴起，
而是基于其丰富的古陶瓷知识和对当时仿古之风的认识。《直
记》中有三处提到定器官窑不足珍，均在卷四。

一是"莫置玩器"条，说义兴（即宜兴）王仲德"好蓄古
定官窑"，至正壬辰红巾军攻陷义兴，"寇亦不识，无取者也"，
皆被损毁，故告诫莫置玩器。

二是相隔四条的"古今无匹"，又是另一层意思，"至于定
器官窑又其多矣，皆未足珍贵也"。因为多了所以不珍贵。论
珍贵，"古今无匹者，美玉也"。这句和后面的"窑器不足珍"
最后美玉为珍观是一致的。

三是此条"窑器不足珍"。这条文献举了三个例子，都是
定器官窑的例子，但不是真的定器官窑，而是元代生产的"绝
类"定器官窑，这是孔齐"真有所见"的事实。元朝发展到至
正时期，也算是承平日久了，经济、文化都发展到了一个高度

以后开始走下坡路了。虽颓势已现，但有积累的有钱人还是不少。往往这种时期，人们为了自保，放弃道德防线，拿一些类古器来满足有钱人的雅玩和储藏财富所需，就如后来的明末一样。孔齐举这三个例子意在告诉人们，现在的绝类古定器、古官窑的瓷器很多啊，一不小心就买错了，假古董怎么珍贵得起来呢？别买了，还是买一些古今无匹的美玉吧！与第二则文献的调调是一致的。

孔齐对窑器不足珍的看法并非一天形成的，从易损到太多，再到绝类器物真伪莫辨，逐渐形成的见识。并从保值增值、容易辨识（卷三有"美玉金同"）、便于携带等方面考虑，提出了"所可珍者真是美玉为然"。并"记此为后人玩物之戒"。这不是偏见，是告诫，也是惜财心理的表现。孔齐不是不懂（当然与现在科学研究不能并论）陶瓷，他在书中提到定窑、御土窑、哥哥洞窑、古官窑、旧窑等，这在元代属于陶瓷知识很丰富的了，而且他在卷二把"御土窑"解释得非常清楚。

> 饶州御土，其色白如粉垩，每岁差官监造器皿以贡，谓之御土窑。烧罢即封土不敢私也。或有贡余土，作盘盂、碗碟、壶注、杯盏之类，白而莹，色可爱。底色未着油药处，犹如白粉，甚雅，薄难爱护，世亦难得佳者。今货者皆别土也，虽白而垩□耳。

由文中所见，真正的好瓷器，他也是喜欢的。"白而莹，色可爱"、"甚雅，薄难爱护"等词汇，反映了他对使用"贡余土"所烧瓷器，也是非常怜爱的。从鉴赏家的本能出发，最后孔齐仍不免告诫"今货者皆别土也。"

这里有一个重要的陶瓷现象，就是皇家对优质原料的垄断。即便皇家不烧瓷器的时候，也不许百姓取土，把土矿封起来。这对怎样理解《遵生八笺》官哥取土均在凤凰山很有启迪作用。孔齐对御土窑瓷器的鉴定水平超过了后来的曹昭，也超过了现今的陶瓷研究专家，笔者从未听说过有专家将别土烧的枢府瓷鉴别出来的情况，也许是笔者孤陋寡闻。

所谓珍玩，即珍贵又好玩，珍贵是建立在古代名窑的基础上的，而且不能再生了；好玩是玩古代的好东西。如果是当时在不停地烧制出来的瓷器，再绝类也不珍贵了。既然不珍贵了也就不好玩了。当这些还不易分辨的时候，唯有叹息"予然后知定器官窑之不足为珍玩也"。

二、《直记》中的众多"时间点"意义重大

无论是《直记》，还是此条"窑器不足珍"文献，都有记载的时间，这对后来者了解元代晚期纷乱的社会和哥哥洞窑的生存环境意义重大。

"窑器不足珍"的第一个事例的时间点是"在家时"，也就

是在溧阳家的时候。从《直记》看，孔齐是至正壬辰（1352年）红巾军攻打宜兴时开始南逃避兵祸的（溧阳距宜兴不到40公里），所以"在家时"大多是至正壬辰以前的事情。第二年，他又回到溧阳（卷三"黄华小庄"曰："至正癸巳，乡里寇平，吾复到黄华小庄"），隔年战事又起，只好又南逃避祸，有二年左右的时间"在家时"。

第二个事例时间点非常明确"乙未（1355年）冬"，此时孔齐再次南逃避兵祸，到了杭州，同行的还有好友荆溪王德翁。这时，发生了中国古陶瓷史上一件重要的事情，孔齐买了一件哥哥洞窑香鼎。从文意看，应该是孔齐买的。还有一个时间是王德翁说的"近日哥哥窑"，这时间有点模糊，"近日"往多一点说前推十年以内吧。那么问题来了，往日的哥哥窑是啥样的？这往日的时间怎么算，就是什么时候开始，到什么时候结束算往日？这也是困扰曹昭和王佐的问题，只能在"旧哥哥窑出"下留空白。但至少当时人告诉后来者元末有一个哥哥洞窑在生产绝类古官窑的瓷器。

第三个事例发生在"今在庆元"，也就是乙未南逃的目的地宁波，宁波地区在元朝为庆元路，辖鄞县（宁波市）、象山、慈溪、定海四县和奉化、昌国二州。从"寓鄞东湖"看，他是在宁波城里看见了"色亦如旧窑"的青器菜盆的。这里的"旧窑"似有歧义，一指以前的老窑；一指修内司所辖内窑。因为庆元路下辖慈溪县为越窑故地，他看到的"质虽粗"的青器是越窑产品亦未可知。在古代文献中，越窑、官窑、龙泉窑经常被古代文人所混淆（即便现在，有些越窑和龙泉窑青瓷亦经常被混淆），这样的话，所谓"旧窑"很可能指的是以前的老窑，如越窑产品。孔齐作为一名深谙古瓷鉴赏的行家，旧窑也可能指的是郊坛下别立新窑之前的内窑。从陶宗仪转载叶寘《坦斋笔衡》关于宋官窑的文献于《南村辍耕录》看，元代大多数对收藏有兴趣的文人都知道修内司管辖的内窑又称"旧窑"，所以旧窑指南宋官窑也是完全有可能的。

第四个时间点就是最后落款"至正癸卯冬记"，这也是《直记》整本书所能看到的最晚的时间，距朱元璋的军队攻占杭州只有三年时间。

至正是元帝国最后一个年号，长达二十八年，在元朝仅次于世祖忽必烈至元三十一年，差不多代表了整个元朝晚期。这些嵌在文献中的时间点，是研究历史事件的"珍玩"。

三、元代长三角环太湖流域的陶瓷现象

"窑器不足珍"记载的事情，是元朝晚期长三角环太湖流域古陶瓷状况的一个缩影，其承赵宋以来经济发展产生的强劲购买力，给后人留下了当时瓷器生产和贸易状况的一些行迹。该地区有南宋政治中心的临安，与平江府（苏州）同是当时的

制造中心，其经济影响力延伸至整个元朝社会。在经济的带动下，文人士大夫的意识形态也对该区域的社会各个方面产生着影响，这主要体现在文化和商品生产上，所谓类古定官窑就是这种影响的反映，犹以"绝类古官窑"为甚。

该文献告诉我们元朝白瓷生产中心既不是在唐代"天下无贵贱通用之"的邢窑地区，也不是在宋代入贡宫廷的定窑周边，而是南方饶州御土窑。为什么北方有得天独厚的条件不设立白瓷生产中心，而要舍近求远地到饶州烧瓷呢？

《元史·志》第四十"百官六"下有"大都四窑场，秩从六品。提领、大使、副使各一员。领匠夫三百余户营造素白琉璃砖瓦，隶少府监。至元十三年（1276年）置。其属三：南窑场，大使、副使各一员。中统四年（1263年）置。西窑场，大使、副使各一员。至元四年（1267年）置。琉璃局，大使、副使各一员。中统四年置。"[1] 元人尚白，对绿草地上的白色蒙古包的喜爱已经是刻骨铭心了，建都北京以后，希望宫殿也如蒙古包一般白色的，所以征召了大量的匠夫，在京城附近设立四个窑场烧制素白琉璃砖瓦。如果元大都的宫殿保留到现在，那一定是比泰姬陵还要漂亮的白色宫殿。因此，北方京畿之地附近能生产陶瓷地方的都被征调生产建筑用瓷了。这在运输上也是相当便利

---

[1] 【明】宋濂：《元史》，中华书局，1976年。

划算的。

元帝国幅员辽阔，资源丰富，很快筛选出了白瓷自然资源富足的饶州景德镇，用来生产宫里配备的生活用瓷。至元十五年（1278年），元朝在景德镇设置全国唯一的一所为皇室服务的瓷局——浮梁瓷局。浮梁瓷局秩正九品，掌烧造瓷器等，相当于官窑的设立。此时，距南宋皇帝纳土归元才两年，官方文献并没有在南宋官窑之地杭州设立瓷局类机构的记载，而在烧青白瓷的景德镇设置瓷局，其对产品认知的用意不言自明。浮梁瓷局并不是经年累月地烧瓷的，而是"有命则供否则止"，这在"饶州御土"条文献里也反映出来了，"每岁差官监造器皿以贡，谓之御土窑。烧罢即封土不敢私也"。因为是御土窑，一般人很难见到其真面目，所以当其表兄沈子成从余干州（属饶州路）带回两个三十年前（元中期）烧制的御土窑径尺肉碟时，他不免吃惊于"其质与色绝类定器之中等者"，瓷质和釉色都很像中等的定窑白瓷，以他的眼光判断，普通的古董收藏者已经很难识别出来了。也就是说，当时市面上的白瓷有古定窑和御土窑，一个是古董，另一个是御土窑，都是常人见不到的稀罕之物，两者又长得非常像，很难分辨。

官窑青器在宋代曾是陶瓷江湖的大佬，成为宫廷文化的一部分，但在尚白的蒙元时期，失去了宫廷消费的支撑，江湖地位大打折扣，成为了一种区域文化，是长三角地区、环太湖流域文人士大夫和有钱人的雅玩。"窑器不足珍"记录孔齐在溧阳时还能看到白瓷，而南逃时所见都是青器，随行的同伴也是雅好古官窑定瓷收藏的宜兴富户，区域文化特色显露无遗。

四、市哥哥洞窑香鼎的信息

孔齐市哥哥洞窑香鼎一段内容很丰富，情景也很生动，内含的信息非常多。文人和有钱人在一起，连逃难也这么有趣，即便兵荒马乱，也不忘买一件类官窑玩器，还记录下来与后人分享。对后来者来说，最好的感谢就是认真分享这些成果，一字不落地读懂它。

"窑器不足珍"关于市哥哥洞窑的内容非常具体：

人物：孔齐，王德翁

时间：买卖时间：乙未冬，即 1355 年冬，元至正十五年。一个阶段（产品质量总评）时间：近日。

地点：杭州。

行为：买了一件瓷器。

什么产品：哥哥洞窑瓷香鼎。

瓷窑名称：哥哥洞窑，或哥哥窑。从对话语境看，后者少一个"洞"字，并不影响双方的理解，所以并不是脱漏一个字，是不影响语义的省称。

产品特征：质细虽新，其色莹润如旧造；绝类古官窑。

　　主要人物孔齐，不仅是此事件的主角，也是整本书的主角。荆溪王德翁即是"莫置玩器"条中的主人王仲德，荆溪（即宜兴）富户，大收藏家，平生"惟好蓄古定、官窑、剔红、旧青古铜之器"，对鉴赏很有经验。此时和孔齐一起避兵祸南逃路过杭州，过后不一年就去世了。俩人的共同特点是都具有古物的收藏知识，还经常交流经验心得。不同的是王德翁钱比较多，收藏也多，玩赏经验丰富些。而孔齐则理论知识丰富些。他们两人可以作为长三角环太湖流域收藏界的代表，**其认知具有普遍意义**。

　　事件发生地点在杭州，买了一件陶瓷香鼎。陶瓷作为一种易碎质重的商品，除非大规模贸易，且有水路方便船运，像这种零星买一件器物，一般都发生在生产地附近，所以行为发生的地点似乎在告诉我们**哥哥洞窑在杭州**。如同沈子成要从余干州买绝类古定器的御土窑盘子一样。而且孔齐似乎很知道哥哥洞窑瓷器就要到杭州来买，即使是避兵祸逃难也不忘顺便买一件。

　　时至晚明万历时，杭州人高濂（长期生活在杭州，不宦游）在他的《遵生八笺》进一步说明哥窑就在杭州凤凰山下 [①]。孔齐是路过者，高濂是长居杭州的杭州人，高濂的言论可以看

---

① 【明】高濂：《遵生八笺》，巴蜀书社，1988 年。文曰："所谓官者，烧于宋修内司中，为官家造也。窑在杭之凤凰山下……哥窑烧于私家，取土俱在此地。"

作是对孔齐在杭州市香鼎的注释。

　　从孔齐逃难路过杭州买哥哥洞窑一香鼎的行为看，哥哥洞窑是民窑的可能性大，只要有闲钱，很容易买到，唯一的难度是要到杭州来买，没有分销商，更没有快递。偶尔在外地买到的话，那卖货的一定告诉你是古官窑哈！哥哥洞窑既不是买不到的"臣庶不得用"的秘色瓷，也不是随便什么人都能卖的"唯供御拣退方许出卖"的汝瓷，还与用贡土限量烧的御土窑瓷器也不一样，哥哥窑似乎不受制度、原料等方面的约束，只要好卖，可以增加产量。自产自销、以盈利为唯一目的的民间窑场的迹象昭然。高濂也说哥窑烧于私家，并"取土俱在此地（凤凰山）"，结合上文说御土窑对优质瓷土是垄断的，那哥哥洞窑无疑是民窑了。

　　青瓷香鼎，即三足鼎式香炉。鼎炉是南宋官窑最主要的产品之一，是宋代宫廷好古之风的反映，哥哥洞窑在南宋官窑故地生产香炉，孔齐也选择香炉，香炉应该是哥哥洞窑的主要品种，这从侧面反映了哥哥洞窑有**官窑的某些特点**。但孔齐并不是因为"绝类古官窑"才买的，那是王德翁的想法，孔齐的认识是"如旧造"，有古雅之气罢了。元代文人因袭宋代，雅好焚香，香炉是必不可少的器具。再说，逃难途中，免不了焚香祷告，祈求神灵保佑，也需要香炉。作为家学渊源的文人，审美自然比较偏爱古雅的器物，所以买了一件类古官窑的香鼎。

恰好古董收藏家王德翁同行，不失时机地评论了一句"绝类古官窑"。可见身份不同，说话的角度和内容也不同。其实王德翁的语义重点不在哥哥窑仿古，而是官窑已被仿制如此之好，作为收藏家的他由衷地慨叹一下以后收藏官窑要细辨，不要误把哥哥窑当作官窑买进了。

孔齐在杭州市哥哥洞窑一香鼎的行为，告诉我们哥哥洞窑产品在当时不是古董，也不是故意仿制某种古玩的仿制品，仅仅是有古雅之气的商品。因为有官窑气象，对于传统古玩行望气鉴宝具有一定的杀伤力，都会误以为古官窑。

产品特征：质地细腻，像新做出来的。但色泽莹润又像旧东西，反正长得很像古代官窑瓷器。关于特征问题，涉及确认哥窑产品和区分官哥等问题，将在下一章专门讨论。

事件的时间点有两个，一个是乙未冬，即至正十五年。在元代晚期（至正年）居于中期，离第一次红巾军攻陷义兴（宜兴）已三年，与下一次金陵游军围困杭州还有四年，距明军攻占杭州还有十一年。此时，元帝国颓势已现，国家机器尚在运转，百姓日常生活受到影响，但不是太大，所以，孔齐能像平时一样买到哥哥洞窑香鼎。

另一个时间点是"近日"，应该说是一个时间段，靠近至正乙未的前几年都在"近日"的范围。如此而论应该还有往日，从王德翁的语气分析，往日的哥哥洞窑没有近日好，至少在类古官窑方面。那么往日的起始点在哪里呢？

文献中还有一个隐性时间点就是"绝类古官窑"，此时买到的香鼎是"绝类古官窑"，说明此时官窑已**作古**，其器物是古董级别。宋代官窑被称为"古官窑"最早也就是元代吧，所以，隐含的"往日"不会超过元代。从文献三个时间点分析，**哥哥洞窑应该始于元代**。

综上分析，"窑器不足珍"条文献告诉我们哥哥洞窑（哥哥窑）是元代生产类古官窑瓷器的杭州民窑。

《直记》所讲的窑器事例，一个是青器，另一个是白瓷，而且都有绝类古器的特点，这其实是宋代宫廷审美观念主导陶瓷生产状况的反映。北宋时期，中国的陶瓷发展呈现出百花齐放的态势，有越窑、龙泉窑、耀州窑、汝窑、官窑、定窑、磁州窑、景德镇窑、建窑等，但最受皇家青睐的就两个：定窑白瓷；越窑、汝窑、官窑的青器，其实就是唐代"南青北白"的延续。由于青器的窑口众多，比较复杂，官方向来选择质量优异的越窑，但北宋中期以后越窑因种种原因衰落了，青器烧造中心北移至离京师较近的汝州，后来京师又自置窑烧造，这个过程记录在叶寘的《坦斋笔衡》中。

汝窑青器最重要的成就是将越窑的"千峰翠色"过渡为"雨过天晴"的天青色，尽管我们实际上能看到的大多数遗存器物或残器以淡天青色（粉青）居多，这种青色成为宋代青器的圭臬，北宋官窑、南宋官窑都是仿照汝窑釉色烧造青器的。时至南宋，两个都在北方烧制的汝官瓷器和定窑瓷器，一起成了士大夫和有钱人追逐的珍玩了。

《直记》所说的与成书于南宋晚期的佚名《百宝总珍集》记录的情况相同，其记载南宋时期近百种珍玩，陶瓷类就只有"古定"和"青器（汝窑）"，并在释文中将修内司新窑烧的青器归在汝窑一路，认作是汝窑的延伸。一青一白的皇室用瓷，主导了文人士大夫对宋瓷的认知，也左右了民间的瓷业生产，无论是"旧御土窑器径尺肉碟"，还是"哥哥洞窑器者一香鼎"，都以"绝类"（很像）指导陶瓷生产，**形成以仿古讨生活的生产状况**。这里的仿古不是一对一的仿制，而是仿其"官气"，某些表象很相似，如胎骨（表象是铁足）、釉色、开片等等，猛然一眼莫辨雌雄，细辨才能将其识别。

第二节　老虎洞窑

　　孔齐的《至正直记》暗示哥哥洞窑在杭州，高濂说在杭州凤凰山下，那么杭州凤凰山有没有元代绝类古官窑的遗迹呢？

一、考古

　　老杭州城南部凤凰山和九华山之间的山岙里，有一不间断的溪流和一块相对平整的坡地，杭州人一直称之为老虎洞，此地距南宋皇城北城墙直线距离不足百米，是一个离皇城虽清近又甚为隐秘的风水宝地。因山洪冲刷，将老虎洞窑址碎片冲到山下，1996 年被群众发现并报告了杭州市文物部门。1998 年5 月 ~12 月和 1999 年 10 月 ~2001 年 3 月，杭州市文物考古所对凤凰山老虎洞窑址进行了两次大规模的发掘，不仅找到了置窑于修内司的内窑遗存，也找到了"绝类古官窑"的元代窑址。（如图）

老虎洞窑址　　　　　　　　　瓷土矿

　　据相关的报道，叠压关系可以分五层：第一层为近现代扰乱层；第二层为元代层；第三层为南宋上层；第四层为南宋下层；第五层为北宋层。从发掘现场遗迹、遗物看，老虎洞窑南宋地层无疑是官窑，特别是南侧山坡发现的"邵衙界"石界碑，证明此窑就是《坦斋笔衡》所说的邵局管理的内窑，也就是大家耳熟能详的修内司官窑[①]。

　　本文比较关心的元代地层，由于上面是扰乱层，产品质量没有预期的好，似不为发掘者所重视，至今尚未有单独的、完整的元代地层考古报告出来。笔者根据杜正贤、唐俊杰两位先生的老虎洞窑址考古简报中，梳理出来以下几点值得关注的迹

---

① 　杜正贤主编：《杭州老虎洞窑址瓷器精选》，文物出版社，2002 年。唐俊杰：《关于杭州老虎洞南宋窑址性质的探讨》，《南宋官窑与哥窑》论文集，浙江大学出版社，2004 年。

象，以期探讨出与哥哥洞窑的关系。

1. 元代地层"没有瓷片堆积坑"。

2. 有（宋元共用的）优质瓷土矿。

3. "胎较粗，胎体厚重，以灰胎为主，黑胎次之"。

4. "器形以小器形为多"。

5. 支烧多于垫烧，支烧窑具有 3、4、5、6 个不等的支钉，以 6 足支钉最具特点。

6. 在几枚六支钉的窑具上发现元代特有的八思巴文，同时还有汉字"大元□六年"的铭文。有些窑具印有虎纹和鹿纹。

7. 发现龙窑三座，破坏均较严重。唯有一座能看清斜长为 15 米。

8. 第二层（元代层）下面有一层厚薄不一的沙层，最厚处达 2 米多，唐俊杰先生认为是边上溪流每逢雨季夹带泥沙冲刷造成的，非一时之为。

考古领队杜正贤先生根据八思巴文窑具、器物釉面特征，以及上海硅酸盐研究所的科学测试其化学成分和显微结构与传世哥窑相同等证据，认为元代层的产品就是所谓的"传世哥窑"产品；后又认为哥窑是官府窑场，但均不能令所有研究者信服。

考古报告有了，虽然还不尽完善；硅酸盐科学测试也有了，但结论仍不能服众，可能证据没有用全，证据释读不够深入，这就形成了理论的短板。

二、遗存释读

考古资料所谓的元代地层"没有瓷片堆积坑"意思比较模糊，好似没有废弃的碎片了，应该是指没有像南宋层那样明显的 24 个瓷片堆积坑，碎片有但量非常少是显而易见的。元代地层没有像南宋层一样的瓷片堆积坑，说明元代与宋代的**生产制度不一样**了。众所周知，官窑可以征诏全国最好的窑工，用国家财政支持烧窑，有能力要求产品精益求精。但烧制瓷器仅仅人事是不够的，还需要天时、地利，一窑瓷器不合要求的次品一般都会多于正品，官窑的次品是不许出卖的，老虎洞南宋地层有大量的碎片堆积坑，正是这种制度的反映。

元代地层没有碎片堆积坑，说明此时制度变了，次品只要不影响使用、观赏，都是可以出卖的，利益比产品质量更重要。这种制度的改变进一步体现出**民窑的特性**。

优质紫金土矿，是天然存在于那里的，谁占有它，它就属于谁，性质也会随着占有者改变而改变。对于土矿这种制瓷最重要的资源，一般官窑是直接从源头上占有和垄断的，避免私人开采而妨碍官家生产；还可以因外界无原料，保证官器不被外界模仿。元代时期，宋官窑已随着宋王朝的消亡而不复存在，紫金土矿按照"普天之下莫非王土"属于元帝国，元代官方如果放弃管理，就属于谁都可以使用的公产，窑工自发组织起来在老虎洞制瓷，这公产土矿也临时属于窑工们私有了。可见高濂说官哥取土俱在凤凰山下，哥窑烧于私家[①]，不是凭空杜撰出来的。另一个问题是中国古代官方绝对占有生产资料，官窑和民窑是不可能同一个时代在同一个地方采取矿土的，特别是优质瓷土，只有官家不用，或不知道情况，民间窑工才可能开采利用。所以官哥取土俱在凤凰山下，正好从原料占有使用的角度说明**官窑和哥窑不是同一个时代的瓷窑**。

考古报告说元代层的出土器物"胎较粗，胎体厚重，以灰胎为主，黑胎次之"，及"器形以小器形为多"，不但揭示了官哥生产原料相同的状况，也反映出元代生产能力已远不及南宋时期，胎体粗厚无非是薄胎制作费时费工，会增加成本，更有烧制时易于变形塌陷之困。大器难制难烧也是制瓷匠人千年古训。元代遗存的两个现象，从制瓷技术层面说明元代地层遗存**不是官窑**，而是**民窑**。

以原料而论，确实是官哥（暂且将元代地层当作哥窑）不分，而长期官哥不分，是人们把"莹润如旧造"的哥窑当作了南宋官窑；把质量较好的哥窑，依据文献当作了宋哥窑，如此混淆，想区分官哥，那是想破脑袋、看花眼也区分不出来的。

---

① 【明】高濂：《遵生八笺》，巴蜀书社，1988 年。文曰："所谓官者，烧于宋修内司中，为官家造也。窑在杭之凤凰山下……哥窑烧于私家，取土俱在此地。"

元代地层出土的窑具所反映的信息非常多，出土的窑具反映了支烧多于垫烧，而支烧是官窑承袭汝窑常用的烧瓷技术，显现了元代窑工想烧制官窑面貌瓷器的愿望。另据《哥瓷雅集》披露，书中定名为"南宋哥窑"的多件器物都具有六足支烧痕，老虎洞元代地层六足支钉窑具之多是官窑不具备的，两者在支烧技术方面的一致性是显而易见的。

八思巴文是元朝忽必烈时期由"国师"八思巴创制的蒙古文字，史称"八思巴蒙古新字"。八思巴文是表音文字，忽必烈要求用八思巴文"译写一切文字"，至元六年（1269年）颁行，早期的推广力度很大，百官百日内学会八思巴文，官小的学会了可以升官，没官的学会了给官，不识字的学会了可以**"免一身差役"**①，这免差役对百姓来说吸引力是相当大的。尽管如此，用惯自己语言的各民族还是觉得不便，随着世祖忽必烈的去世，中期以后使用的范围就很小了。社科院民族研究所照那斯图对窑具上的八思巴文进行了考证，基本上是姓氏，一是 zhang（章或张）音和 qi（齐）或 chi(赤)音的组合；二是 zhang（张或章）音与（qi 或 ji）组合；三是 ji（纪）音单字或与汉字"大"组合，如"大纪"。照那斯图认为窑具上的八思

---

① 照那斯图、杨耐思：《八思巴字研究》，其中记载："如至元十二年（1275年）分置'蒙古翰林院'，'专掌蒙古文字'，规定'随朝当值怯薛歹、阔者赤限一百日须习熟会'，又在各路设'蒙古字学'，遣百官子弟入学，培养新文字人才，并以'免一身差异'或'酌量授以官职'来鼓励人们学好创新文字。"

巴文为元人之作。^① 笔者认为第一种情况可能是汉语"张（章）氏"，"氏"字古音读 zhi，比如"大月氏"。zhi 在八思巴文中是没有对应的发音的，所以用近似 zhi 音的 chi 或 qi 音替代。第二种情况应该是汉语"张（章）记"。如此标记，可能存在的情况是窑工中既有张姓也有章姓，或其他 zhang 音姓氏，八思巴文不能区分两者，只好以"氏"和"记"字以别之。第三种情况也类似前两者，"纪"音姓氏窑工可能有父子或兄弟同在老虎洞烧瓷器，为了区别以汉字"大"字标示。如此而论，元代至少有四个不同姓氏和辈分（或四个组合）的工匠在老虎洞窑生产瓷器。

窑具上多个姓氏反映了窑场是不同姓氏的工匠合作生产的特点，这种姓氏铭款不是为了"物勒工名"追究责任，也不是宋代盛行的产品广告宣传，而是合作生产中那些长期使用的器具不至于混用的标示，这种姓氏标识在官窑中毫无意义（估计皇帝还不允许），民窑却有计算每位工匠成本等多方面的作用。所以窑具上的姓氏铭款再次证明元代地层窑业遗存**是民窑**。

那些有八思巴文字的窑具又有"大元□六年"铭文，对判断元代地层制瓷始于何时极有价值。"大元"是开国年号的别称，开国皇帝在纪年时以"大"字别称不会引起歧义，历史上国号

---

① 照那斯图：《杭州老虎洞窑址出土窑具八思巴字释读》，《南宋官窑与哥窑》论文集，浙江大学出版社，2004 年。

前加"大"字都是指开国皇帝的时期。此大元某年就是至元某年，也就是说元世祖忽必烈时期。笔者认为看不清的铭文最有可能是"十"字，即"大元十六年"（1279 年）。这年发生了**两件大事**，一是崖山海战标志着宋朝彻底灭亡；另一件事是创制这种文字的帝师八思巴去世了。在多件八思巴文窑具上都模印看不清数字的纪年，似故意为之，恐与这两事件有关。另外，此时距至元十三年宋帝纳土归元已经三年，古代匠人都是世袭的，别无谋生手段，尽早恢复生产也是生存所需，故迟至至元十六年的元朝初期，老虎洞窑又重新开始生产了。

对于文字来说，八思巴文的保鲜期很短，相对广泛的流行时间在元代早期，这对后来者断代提供依据，大多数有八思巴文的文物可以断为元早期的忽必烈时代。

老虎洞窑址共发现三座龙窑，均破坏严重，唯有一座能看清斜长约 15 米，与郊坛下官窑 37.5 米和 23 米长的龙窑相比，属于小型龙窑。三座龙窑的时代烙印很少，所属朝代不甚明了，但仍有可以推断的依据。首先郊坛下别立新窑是两座龙窑，就满足了需求，那三条龙窑不可能全是内窑的；如果是一条，对于官窑来说似乎又太少了一点，本来南渡以后行在临安就器用很缺，两条龙窑能不能满足宫廷需求还未可知呢，所以毁损严重的两条龙窑应该是距今稍远的南宋时期的内窑遗存。郊坛下新窑依旧窑制度，还是两条龙窑就顺理成章了。以单座这种小型龙窑装烧量来论，满足宫廷需求是有问题的，如果对付民窑自产自销模式，那就绰绰有余了，故笔者推测这条保存相对好一点小龙窑是元代哥哥洞窑使用的窑炉。

唐俊杰先生的文章中披露第二层（元代层）下面有一层厚薄不一的沙层，最厚处达 2 米多，他认为是边上溪流每逢雨季夹带泥沙长期冲刷造成的，非一时之为。此迹象表明南宋地层到元代重新开窑有相当长的闲置、或曰废弃时期，似与《坦斋笔衡》"置窑于修内司，造青器，名内窑……后郊坛下别立新窑"相一致。唐俊杰先生在《南宋郊坛下官窑与老虎洞官窑的比较研究》给出的结论是"修内司官窑停烧时间大约在 13 世纪初，而郊坛下官窑则一直烧造至南宋灭亡，两窑'相安无事'数十年"[①]。老虎洞窑址的沙层反映出内窑在烧瓷任务完成、过渡给郊坛下官窑以后，就完全停止烧窑了，废弃的窑址为自然冲刷而下的泥沙所覆盖，数十年后，元初窑工们在被泥沙覆盖的废址上重新恢复生产，并未惊扰到南宋旧址。如此，地层的时代就很明晰，产品风貌也是泾渭分明。

老虎洞窑址元代地层遗存的释读，告诉我们元代老虎洞窑是杭州生产类官窑瓷器的小民窑，与《直记》释读的信息基本一致。

---

① 　唐俊杰：《南宋郊坛下官窑与老虎洞官窑的比较研究》，《南宋官窑文集》，文物出版社，2004 年。

三、老虎洞考释

因为"老虎洞"与"哥哥洞"都有一个"洞"字，是否可能存在某种关联，所以有必要对老虎洞名称进行考释。老虎洞的名称始于何时无从查询，但宋元时称老虎洞倒似有迹可循的。钟毓龙《说杭州》记载："汉代以前，杭州之山通称武林。然据刘道真《钱唐记》，应作虎林。道真之记曰：'秦汉时，山有白虎，常踞于其巅，不食生物，惟饮洞水，故曰虎林。'"①《说杭州》还记载"五云山东南，曰老虎山，高二百有七公尺"②。明郎瑛《七修类稿》卷四·天地类有"虎林考"，曰"虎林乃杭山名，即今祖山寺之山也，不知者以为杭郡旧名，后世改虎为武"③。从这些文献可以看出古代杭州老虎出没很寻常，西面绕西湖山势相连，南面向东可达凤凰山。老虎在山里游荡，找个山洞窝着还是需要的。《杭州老虎洞窑址瓷器精选》中刊载印有虎纹的窑具，结合其他带有八思巴文姓氏表示专属的窑具，虎纹是否在标识老虎洞窑专用窑具之意。这种推测能成立的话，那老虎洞之名在宋元时期已存在是有可能的。

---

① 钟毓龙：《说杭州》，杭州人民出版社，1983 年。
② 钟毓龙：《说杭州》，杭州人民出版社，1983 年。
③ 【明】郎瑛：《七修类稿》，上海书店出版社，2015 年。

四、杭州凤凰山

凤凰山是老虎洞窑所在地，既有南宋遗存，又有元代遗存，它的地理地位的变迁，对认识官哥窑极其重要，有必要梳理一下。

南宋吴自牧《梦粱录》"诸山岩"说："大内坐山，名凤凰，即杭客山也。"

明张岱《西湖寻梦》"凤凰山"说："唐宋以来，州治皆在凤凰山麓。南渡住辇，遂为行宫。"

《咸淳临安县志》有一幅清同治六年补入的《西湖图》赫然标注"大内凤凰山"。《咸淳临安县志图》的"皇城图"也将凤凰山包围在皇城城墙之内、大内围墙之外。《说杭州》记载："赵抃在杭，有'老来重守凤皇城'之句，故杭城亦名凤凰城。"

以上观之，凤凰山唐宋之际是杭城的政治中心所在地，凤凰山是在城内的。南渡住辇之初，完全是"袭故京遗制"的"京师自置窑烧造"，在皇城的凤凰山中置窑烧制官窑瓷器，即内窑。后来才搬至皇城外的郊坛下，即新窑。

纳土归元以后，"元代禁天下修城，以示统一。杭州之城日为居民所平"。也就是杭州没有城墙了。"元代惩宋之弊，废而不止。兼之政无纪纲，听民侵占，于是全湖尽为桑田"（《说杭州》语）。西湖都可以任民侵占为桑田，那么在没有城墙、听民侵占的情势下，老虎洞旧窑废址为匠户侵占，重新开窑烧瓷维持生计也就不足为奇了，当属情理之中。

据《梦粱录》"诸洞"条记载："杭城内有洞者三……曰金星洞，在凤凰山介亭下。"作为大内所在地的凤凰山，在南宋时期因城墙的阻隔是不可能有游荡的老虎的，其金星洞一般的杭城居民也不可能知晓。当元代城墙被毁以后，老虎游荡过来，并盘踞于类似的金星洞倒是完全可能的，元代杭人见之便称其为老虎洞也在情理之中，据说凤凰山边上的九华山之名也是始于元代。那么凤凰山的老虎洞之名始于元代的可能性最大。

《说杭州》记载，宋室既亡次年，民居失火，导致故宫半毁。

其后番僧杨琏真迦就其遗址作佛寺。杨琏真迦毁宫建寺始于至元十九年（1282年）。

《南村辍耕录》卷九记载，至正辛巳（1341年）暮春之初，杭州大火，烧毁官民房屋公廨寺观一万五千七百五十五间。明年壬午又大火，尤甚于先，自昔所未有也。"数百年浩繁之地，日就凋敝，实基于此"。

《说杭州》记载，元顺帝至正十九年，张士诚据杭州，为加强防守，发松江、嘉兴、湖州、杭州民夫数万人，昼夜并工，三月而成。"南方则自候潮门以西缩入二里，截凤凰山于外。废去嘉会、东便二门，而即以和宁门为南门"。自此凤凰山在新筑的城池之外了。

然而，新城给杭州带来的不是安全，却是灾难。年底（冬十二月）金陵游军突至城下，城门闭三月余，粮道不通，"饿死者十六七"。军退，吴淞米航凑集，藉以活，"而又太半病疫死"。

元代的杭州，成为元统治者镇厌赵宋之地，天怒人怨，灾祸频发。凤凰山下由政治中心，沦为藏传佛教寺庙聚集区。虽然"延祐、至正间，诸寺递毁"（《明田汝成《西湖游览志》），但在元末农民战争中，凤凰山被新建城墙隔离在城市之外。

凤凰山山坳里的匠户们，虽然被元政府抛弃，被城市抛弃，却因祸得福，如大隐隐于市的隐者一般地生存着。

第三节 "哥哥"的意义

　　若从陈万里 1928 年第一次去龙泉考察古窑址算起，去年正好是"哥窑考古" 90 周年，期间虽有多次讨论，但从未有人讨论过"哥哥"的含义，更没有将"哥哥"与"洞"联系起来讨论，这重要的同音联绵字被忽视了。联绵字的定义是由两个音节连缀成义而不能分割的词，不能分割是同音联绵字的关键。明初的曹昭显然也没弄明白"哥哥"或"哥哥洞"的意思，不明就里地省称为"哥窑"，即使王佐将其改正为"哥哥窑"，但惜墨如金的古人再也不愿意将这简省的称呼扩展还原。特别是嘉靖《浙江通志》有章生一哥窑的传说故事，"哥"还真有"兄"的意思的窑，遂将此与省称的哥哥窑相联系，生发出无限的遐想。

　　释"哥"为"兄"毫无疑问是一种望文生义的诠释，哥不就是兄长嘛，有兄必有弟，直接将龙泉章氏兄弟的传说拿过来演义为宋代哥窑、弟窑，并有兄弟相害，哥哥未被加害反而烧成了神奇的断纹瓷，解释得相当文学。文学故事的优势就是具有极强的生命力，它不需要根据，可以无限生发。今年春节，在朋友圈看到一篇根据实况报道的网文"正月初二，'瓷仙故里'喜迎一年一度'瓷仙赏梅节'"，截录一段与大家共享："大梅村，古称琉梅，'瓷仙故里'。位于龙泉市南乡，村中'瓷仙庙'始建于宋末元初，三位瓷仙谓'章生一王侯'，'章生二王侯'，'章生三王侯'供于庙中。""章生三因极具智商而选择经销瓷器，哥窑由章生三荐入宫庭，成为官窑"[1]。什么明末才有资本主义萌芽呀，龙泉县在宋代已经实施了产销一条龙的商业销售模式，比欧洲资本主义早了好几百年奥！当然，故事终究不是史实。

另一种比较普遍的解释是口音讹误，虽接近于语音分析，但还是将"哥"单独理解，认为龙泉口语中官、哥不分，讹传而成哥窑[2]，分析的重点在龙泉，但否认陶瓷史上的哥窑在龙泉。另一种说法是杭州口语官、哥发音非常接近，售受双方便每每以"官窑"示人喻人，演化出一个是官非官的哥窑之名[3]。重点在杭州，肯定哥窑在杭州。这两种说法都涉及了语音问题，方向是对的，但如果将两个哥字放在一起就解释不通了，难道是"官官窑"或"官官洞窑"，还是没有说清哥哥的本义。孔

---

① 《正月初二，"瓷仙故里"喜迎一年一度"瓷仙赏梅节"》，龙泉当地的宣传网文，龙泉青瓷博物馆刘莹提供，2018年2月17日。

② 牟永抗、任世龙：《"官"、"哥"简论》，《牟永抗考古学文集》和任世龙：《瓷路人生》均载有此文。《瓷路人生——浙江瓷窑址考古的实践与认识》，文物出版社，2017年。

③ 蔡乃武：《哥窑及相关问题》，《浙江省博物馆论文特辑》（1999~2009），西泠印社出版社，2009年。

齐可是孔门之后，深知"中原雅音"之美（《至正直记》卷一有"中原雅音"条），他可不会讹传官哥，或把哥窑当作官窑买卖。解释上的瑕疵是显而易见的。故对"哥哥"意义的探讨就显得非常迫切和必要。

一、同音叠字的流变

秦始皇一统东方六国，为了便于集权统治，推出了"书同文，车同轨"的政策，命丞相李斯将秦国原来的大篆籀文简化为全国统一使用的小篆，废止了六国文字，使全国不论哪个郡县都能看到书写一致的公文。秦汉时期的公文都是写在竹木简上的，文字多了皇帝不爱看，成册也非常沉重，故要求语言精练，这也成了以后官方文史撰写的传统，故同音联绵字很少会出现在官方文献里。学过中国古代文学都读到过司马迁《史记》里一则非常经典的人物描述，《张丞相列传》写周昌口吃："臣口不能言，然臣期期知其不可！陛下欲废太子，臣期期不奉诏！"[①] 叠字"期期"没有什么意义，近似于周昌口吃时的发声，是声音的记录，却是生动地表现了周昌虽有口吃，但耿直依旧的形象，彰显了《史记》"无韵之离骚"的才情。

秦始皇仅仅是"书同文"，全国各地的口语依旧是南腔北

---

① 【汉】司马迁：《史记》，中华书局，1976年。

调，音、义也不全相同。记载上古时期国家政治大事的《尚书》，到唐代韩愈在《进学解》中还说"周诰殷盘，佶屈聱牙"，原因就是有人认为其语言是直言，即平直的口语，而非正规的书面语。商周口语与秦汉的书面语那差距不是一点点远，当时学问最好的人也不一定能通读。因此，东汉许慎就写了一部字书《说文解字》，全书共9353个篆文，以六书之法释文，兼及声音训诂，集中地反映了汉代学者对文字形音义的理解，规范了表意文字在官方文书的字义。

《说文解字》偏重于形义，声韵不太讲究。其后中国经历了360多年割据战争，各割据势力也没有精力去搞正音工作。当五胡等少数民族政权被隋文帝统一以后，一个真正统一的、多民族的国家形成了，口语更杂。隋炀帝杨广为了便于与南方世族的交流，他特意去学了一口侬侬吴语。因此，正音成为官方亟待解决的问题，以满足行政上的需要；另一个是科举制度开创也要求诗文声韵平仄有标准，韵书的产生迫在眉睫。于是乎，陆法言把颜之推、卢思道、李若等八位当时著名学者请到陆家聚会，讨论商定审音原则。隋文帝仁寿元年（公元601年），陆法言将聚会记录内容编写成《切韵》一书，该书是现今可考的最早的韵书，唐代初年被定为官韵。

韵书主要是正了官方之音，方便了皇家招工考试，老百姓口语还是随着南来北往、民族融合而缓慢地发展着。老百姓虽多不识字，但不缺优美的口头文学，其中最好的为采风官依音记录下来，我国最早的诗歌总集《诗经》记录了经过官方整理的民间之音。民间口语与官方文史用语的区别是朗朗上口，便于传唱。便于传唱的根本动因是利于记忆，少数民族的英雄史诗就是靠传唱流传至今的。同音联绵字在传唱时既动听又极具感染力，现选摘《诗经·国风·周南》中的"螽斯"一首，看其联绵字使用：

> 螽斯羽诜诜兮，宜尔子孙振振兮。
> 螽斯羽薨薨兮，宜尔子孙绳绳兮。
> 螽斯羽揖揖兮，宜尔子孙蛰蛰兮。①

三句诗竟有六个同音联绵字，可以想象一下当时庶民憎恨统治阶级贪得无厌的情绪宣泄，艺术的感染力极强。其中的"薨"字很能说明采风官员对民歌忠实地依音记录的原则。薨，单个字的时候专门用于诸侯的死亡，《礼记·曲礼下》："天子死曰崩，诸侯曰薨，大夫曰卒，士曰不禄，庶人曰死"。叠字连绵时则形容蝗虫群飞的声响，人民这么唱，官员就这么记。《说文解字》已有"轰"字，是三个车字垒在一起，表示众多

---

① 高亨：《诗经今注》，上海古籍出版社，1980年。

车子经过的声响，所以，采风官用"薨"字以别于车子的声响，更能体现民间口语的特点。然而单字和叠字意义相去甚远，是不可随意省减的。

科举制完备于宋代，此时官方的音韵书籍也是修得最多、最完备的，最重要的官修韵书有《广韵》、《集韵》和《韵略》。其中《广韵》是我国历史上完整保存至今并广为流传的最重要的一部韵书，是我国宋以前声韵的集大成者，全称《大宋重修广韵》。后来为适应科举应试的需要，主持科举考试的礼部就颁行了比《广韵》较为简略的《韵略》，因编撰于宋景德年间，又称之为《景德韵略》。宋代对正音是极其重视的，发明制造水运仪象台的科学家苏颂在第一次省试的面试时，因一个字的四声没有读对而落选。

这些整理完备的"中原雅音"在宋室南渡后带到了杭州，与杭州本土的吴语融合而成新的口语——杭州话。南宋以后杭州话被称为官话，与周边的语言皆不相同，语言学上称其为"语言孤岛"。所以，即使距离不远的上海人曹昭也不明白杭州人口中"哥哥"的意思。当通过《格古要论》"哥窑"传回杭州时，书斋里的高濂也不明白"哥窑"的本义了，反正大家都这么叫，就跟着叫呗。就如同陈寅恪，原是方言口语读"恪"为"确"音，但如果你大庭广众之下读陈寅恪 [Ke]，一定会被嘲笑没文化的，那被嘲笑的人其实很冤的。杭州人郎瑛《七修类稿》卷二十六"杭音"说:"城中语音好于他郡,盖初皆汴人,扈宋南渡,遂家焉,故至今与汴音颇相似。如呼玉为玉音御,呼一撒为一音倚撒,呼百零香为百音摆零香,兹皆汴音也。唯江干人言语躁动,为杭人之旧音。教谕张傑尝戏曰:'高宗南渡,止带得一百音摆字过来。'亦是谓也,审方音者不可不知"①。郎瑛《七修类稿》前三十四卷可肯定是其本人原作,杭音条也与事实相符。古代有城墙相隔,现在没有城墙,但在大街上区分杭州城里人和江干、萧山人、余杭人,开口便知。

二、元代的"哥哥"

孔齐是在元代晚期买了哥哥洞窑香鼎,此时的杭州经历了蒙古族文化的洗礼,特别是元初忽必烈让八思巴创制蒙古文字,并极力推广至全国各阶层。八思巴文是表音字母,是用来书写蒙古语的,它所反映的是蒙语口语的意思。另一个是元代许多文人加入到了世俗味浓郁的元曲创作中,杂剧中的许多台词就是来自民间的口语说唱,其声韵主要来自于北音。元人周德清为此撰写了一部最早的戏曲(北曲)曲韵专著《中原音韵》。那么,哥哥是蒙语的意思还是汉语的意思呢?

笔者有一个徒弟是内蒙古科尔沁右旗人氏,从小生活在蒙语环境中,蒙语自然是说得很溜(现在很多年轻的蒙古族人都

---

① 【明】郎瑛:《七修类稿》,上海书店出版社,2015 年。

不会讲蒙语了），我曾问他"哥哥"发音在蒙语中是什么意思？他的回答让我惊讶于意思的差别这么大，1. 公主；2. 活佛；3. 丢掉。后来他请教了老家一位有学问的先生，告知说雨过天晴的浅蓝色读音是"哥哥亨"，似乎跟青瓷有点关系，但在与"窑"和"洞窑"的组合上不免有点牵强，况且还有语音的尾缀"亨"字。因为凤凰山有老虎洞窑址，笔者又问了"老虎"的发音，这发音比较有蒙语特色了，老虎发音为"巴日斯"，或"巴达（卷舌）"，这和《南村辍耕录》记载元代国言（蒙古语）读"虎"为"巴而思"是一致的，跟哥哥没什么关系。

排除了"哥哥"与蒙语的关系，那么其中的意义还是要回到汉语来讨论。哥字出现在汉语中是比较晚的，《说文解字》里是"哿"字，下面又有"哥"字，释文为"哿，可也。从可，加声。诗曰，哿矣富人。（《诗经·节南山之什·正月》诗句）哥声也。从二可。古文以为歌字"。许慎释为"可也……加声"，在高亨注《诗经》中则是"哿（Ke 可），嘉、乐"。① 可见最初的"哥"字的意义与后来的兄长的意思没什么关系。

"哥"作为辈分称呼出现在唐代，淳化阁帖有唐太宗与高宗书，自称"哥哥敕"。《旧唐书》一〇六王琚传"玄宗泣曰：'四哥（其父睿宗）仁孝，同气唯有太平'"。唐玄宗称其父为四哥

① 【清】段玉裁：《说文解字注》，上海古籍出版社，1981年。高亨：《诗经今注》，上海古籍出版社，1980年。

（其父排行老四），有点类似于现在长辈随小辈称呼他人的形式。比如有些老人随孙辈称呼另一位和其年龄相仿的为奶奶爷爷的。宋代有妻子称丈夫为哥哥的，宋无名氏《朝野遗记》："光宗既愈，后泣谓曰：'尝劝哥哥少饮，不相听'"①。

　　元曲中的"哥哥"有多种意思：1. 对年龄相近男子的尊称。2. 父母对儿子的称呼。3. 仆人对男主人或少爷的称呼。4. 和宋代相似，妻子对丈夫的称呼。5. 对兄长的称呼，一般有排行前缀，如大哥、二哥。6. 鹧鸪鸟的叫声。可见"哥哥"与兄长的关联概率还是很小的，解释不了"哥哥洞窑"中"哥哥"的意思。

　　杭州方言因"官话"的特殊地位，在一些笔记小说中有零星记载，如《七修类稿》中的"杭音"，缪莲仙《文章游戏》，邵位西的《集杭谚诗》，能集大成者当属钟毓龙的《说杭州》。钟毓龙（1880~1970年），字郁云，晚号庸翁，世居杭州，清光绪癸卯举人，历任浙江省高等学堂、杭州府中学堂、嘉兴府中学堂、安定中学、宗文中学、女子师范等校教师，宗文中学校长，浙江通志馆副总编纂等职，被已故浙江省博物馆常务副馆长汪济英先生称为"杭州地保"。抗日战争期间，因率宗文中学及家眷避寇于雁荡山，"无以自聊，则回忆梓里见闻，信

---

① 《辞源》，商务印书馆，2009年。

笔书之，以记其思"。抗日胜利后回到杭州，就职省通志馆，编写就更为方便了。其后一直编写到 1954 年才完稿。其书特点"不敢曰志，说而已矣。志有体裁，说则多寡详略可不拘也"。可惜，未及付梓出版，"文革"十年乱起，所有手稿非焚即佚，《说杭州》也在其列。在去世的前三年，钟老以衰病之躯，就记忆所及进行补写，未及十分之一溘然长逝。十一届三中全会以后，其子钟肇恒于书肆、报刊等多方收集，加上补写的，也"仅得十之三四"，这就是我们现在能看到的《说杭州》了。

《说杭州》第十七章"说语言"是钟老后来补写的，在口语举要前的总述说，杭州自南宋建都后，向有半官话之称。自来传说江干之人尚存旧时杭州土音。有些土话谚语都不知道用什么字来写，"止能以同音者代之"。如说东西很多为"莫劳劳"或"莫直直"，其叠字没有具体意义，形容词性，言多貌，体现了《诗经》以来口语多叠字的习惯，文字只是语音的记录，并不代表字面意义。在所列的单字土语第四个是"这"字，钟老解释**"这字土音作'格'，如在这里或这个东西之类。这么音戛，如戛好、戛坏"**[1]。**指示代词"这个"，杭州土话读作"格个"**，如果依音记录成文字，则可以写成"哥哥"。如果放到《至正直记》里就是**"这个洞窑"和"这个窑"**，"洞"字可有可无，

---

[1] 钟毓龙：《说杭州》，浙江人民出版社，1983 年。

并不影响意思表达。孔齐是购买者，也是文人，依音记录口语。同行的宜兴人王德翁显然也是碰到过类似瓷器的，跟熟人孔齐就省称"哥哥窑"了。为此，笔者专门请教了宜兴做古董生意的马先生，他用纯正的宜兴话说"这个"时，"哥哥"的发音比杭州话说得清平些，更接近"哥哥"语音。再扩大一些范围，吴下之地上海其实也是这样发音的，上海人说"这个东西"，口语发音为"格个么事"，也与"哥哥"谐音。从中可以看出"这个"口语读作"哥哥"，其实是侬侬吴语，是保留在杭州话中的原本吴语。曹昭可能听到的是急读"哥窑"，故一时不能明白其中意思，记录为"哥窑"，至少他没有理解为"以兄故也"。随着瓷业中心的转移，景德镇优越的自然条件招徕了各地技术工匠，也带来了各地的方言口语，笔者发现景德镇人说"这个"也读为"哥哥"，发音比杭州话要浊重一些。

同音叠字以形容词居多，如《诗经》"杨柳依依"、"雨雪霏霏"；杭州话"莫劳劳"等，这些叠字是不可分割的，单独一字的时候意思就变了。而"哥哥"是指示代词"这个"的谐音，杭州话急读"这个"为"这"，即"哥"音，"哥哥"分割开来不影响词义，可急读"哥哥窑"为"哥窑"。"哥窑"用中原雅音读为"这窑"，听之不雅，换作杭州话读和写为"哥窑"，既好听又好看，但切莫望文生义。

从文献和考古情况看，杭州唯有老虎洞窑名称有个"洞"

字，与哥哥洞窑关联得上。这里所说的"这个（哥哥）洞窑"即老虎洞窑，结合虎纹窑具的层位，**哥哥洞窑应该是专指元代老虎洞窑。**

三、"这个"的内涵

笔者虽然在杭州出生成长，但从小生活在北郊的大工业区，周边不是外来工人，就是本地的村民，说话与城里人差别还是蛮大的，没有老杭州人的语境，城里人说话混有"中原雅音"，在郊区生活的人是感觉不到的。江干区、萧山一带说话带点绍兴味，但要硬朗一些。2017 年，笔者在杭州南宋官窑博物馆做讲座时，提到了哥哥窑是语音问题——可能就是指示代词"这个"的发音。当时听讲座的年纪轻的占多数，几乎没有会说纯正杭州话的，所以没有引起关注，就如同年轻时的我一样。年纪大一点的杭州人可能会认为语音解释有道理，但仍有莫名其妙之感，好好的为什么要用指示代词来称窑名呢？这突破了以往以地名、人名命名瓷窑的习惯。

这才是问题的关键，关于为什么要用指示代词"这个"来替代窑名，其实当时笔者根本回答不了，这近乎荒唐的答案让笔者参悟了许久。为了解元代置窑的相关内容，笔者翻阅了《元史》，在世祖本纪里悟到了答案。蒙元帝国到了元初的忽必烈时期，皇帝已被教化成具有中国开国君主的思维，据《元史》

记载，他命伯颜南征宋朝时语重心长的谕之曰："昔曹彬以不嗜杀平江南，汝其体朕心，为吾曹彬可也。"曹彬是宋初名将，以治军严、不嗜杀著称。忽必烈希望伯颜像曹彬一样，改掉元军嗜杀的恶习，来一次和平占领，这在蒙元征伐史上是从来不曾发生过的事情。伯颜也不辱使命，先致书宋皇帝抚慰之，使其不因害怕而出逃。对皇城围而不攻，谈判劝降，意在使宋主学钱王纳土。也许是杭州的山水太过柔软，柔化了帝皇之心；也许是宋初钱王纳土的报应，杭州再一次避免了生灵涂炭，重演了纳土归降。宋廷表达纳土归降的意思以后，"伯颜下令禁军士入城，违者以军法从事。遣吕文焕赍黄榜安谕临安中外军民，俾按堵如故。时宋三司卫兵白昼杀人，张世杰部曲尤横闾里，小民乘时剽杀。令下，民大悦。"[①]可见安谕黄榜不但禁止了士兵入城骚扰，还使城内乘势作乱之人也安稳下来了。

伯颜受降入临安城后，"凡归附前犯罪，悉从原免；公私逋欠，不得征理。应抗拒王师及逃亡啸聚者，并赦其罪。百官有司、诸王邸第、三学、寺、监、秘省、史馆及禁卫诸司，各宜安居。所在山林河泊，除巨木花果外，余物权免征税。秘书省图书，太常寺祭器、乐器、法服、乐工、卤簿、仪卫，宗正谱牒，天文地理图册，凡典故文字，并户口版籍，尽仰收拾。

---

① 【明】宋濂：《元史》卷九·本纪第九·世祖六。

前代圣贤之后，高尚儒、医、僧、道、卜筮，通晓天文历数，并山林隐逸名士，仰所在官司，具以名闻。名山大川，寺观庙宇，并前代名人遗迹，不许拆毁。鳏寡孤独不能自存之人，量加赡给。"① 在君臣一心的共同努力下，临安都城可以说是毫发无损地被元帝国接收了。世祖想树立明君的形象，伯颜也深谙其心，一切以和平统一为大旨，早已不是游牧民族最初抢掠财物、滥杀人民的战争方式，可移动的图书、祭器、卤簿、户口版籍等重要文物登记在册，部分解押大都，其他的就地封存，专人保管钥匙。不动产基本上原地不动，"百官有司……各宜安居"，修内司及所辖官窑自然应在其例。问题是元人尚白，特别是官窑还有蟹爪纹，元人不以为美，还认为是缺陷，不接受文人的忽悠，官窑并未为元朝宫廷所接受，但是可以肯定的是南宋末年仍在烧造的官窑，在元初的统一战争中也是毫发无损，工匠也没有遭到杀戮和拘押，随时都可以重新生产，所需的只是命令或机缘。

《元史》卷一百六十七《张惠传》："宋降，伯颜命惠与参知政事阿剌罕等入城，按阅府库版籍，收其太庙及景灵宫礼乐器物、册宝、郊天仪仗。籍江南民为工匠凡三十万户，惠选有艺业者仅十余万户，**余悉奏还为民**。"② 三十万户工匠张惠挑走

① 【明】宋濂：《元史》卷九·本纪第九·世祖六。
② 【明】宋濂：《元史》卷一百六十七·列传第五十四·张惠。

了三分之一去充实皇家直接控制的各类工场，调走的无疑都是最好的，按平均计算，窑户也减少了三分之一，应该是最强的三分之一选走了。这情况就发生了反转，预示了要就地恢复南宋官窑的制瓷水平已是不可能了，同时也说明元皇朝也没有继续保持南宋官窑生产的愿望，否则应该记载**保留官窑，至少不会把三分之一的工匠带走吧**。最后的**"奏还为民"**很有意思，是取消了匠籍成为普通平民，还是成为民间工匠自谋生路？但官府放弃管理这些匠户是显而易见的。

老虎洞窑址出土了许多八思巴文窑具，令人联想到该窑应与官府有某种关联。因为八思巴文是元初极力在官府推广的文字，汉人官吏可以不懂蒙语，但要懂八思巴文，这样在传达军事命令时就可以起到保密作用。事实上元中期以后，政治稳定了，八思巴文使用的人和使用的领域越来越少了，这也和出土的支钉窑具上才有八思巴文的情况相吻合，也就是说元代早期已有青器生产了。但这些早期生产的青器似乎不是给元廷用的，《元史》卷七十二·志第二十三·祭祀三："祭器：笾十有二，幂以青巾，巾绘彩云……中统以来，杂金、宋祭器而用之。至治初（至治元年为 1321 年），始造新器于江浙行省，其旧器悉置几阁"。[①] 早期的是用宋金旧器，中期开始造新器使用，其

---

① 【明】宋濂：《元史》卷七十二·志第二十三·祭祀三。

中如果有青器，应该是无纹青器，是龙泉窑的无纹青瓷，且都是大件。老虎洞元代地层的小件玩赏器，并不讨蒙元王公贵族喜欢，也不适用于祭祀或生活，实为长三角环太湖流域文人士大夫所青睐的玩意儿，**小件玩器也是对元代瓷器总体风貌的反动**。所以，八思巴文窑具既与免除终身差役有关，又有应付元朝官吏检查的可能，并不表示被纳入官府管理。

匠人，是一个特殊的群体，是社会化大分工的产物，《考工记》称为"百工"。由于他们造就了统治阶级的奢华生活，历来为官方所重视。唐代开始匠人被编户入籍，匠籍制一直到明代嘉靖才有所松动，清代《陶说》记载"嘉靖八年烧造，募工给值"[①]真正废除匠籍制的是清顺治时期。元代在匠籍制的发展历程中是最完备的时期，成吉思汗西征期间，经常实施屠城政策，但留下育龄妇女和工匠，工匠编户入籍，世袭其业，就有了"匠户"之称。到元朝建立并实施南征时，其匠户已经非常之多，所以只挑了十余万户，其他的都"还为民"了，变成了普通民户。**这就很尴尬了，匠户都是世袭的，除了自己熟悉的手艺，其他谋生手段是没有的**，所以，维系生命延续的本能迫使他们尽快寻找一个能施展手艺的窑场，有废弃的窑址当然更好，省钱啊！宋末的南宋官窑生产主要在郊坛下新窑，那是

---

① 【清】朱琰：《陶说》，黄宾虹、邓实《美术丛书》，江苏古籍出版社，1986 年。

明摆着的官产，招惹人。规模也大，烧一次窑的投入会很多，不适合这些还为民的窑工经营。而不远处山坳里有一个废弃的瓷窑，窑工们应该是略知一二的。再一个不易被外人发现的隐秘地形，也是窑工们的不二之选。所以在老虎洞窑南宋废址上继续他们的陶瓷事业，是窑工们的战略之选。新世纪初老虎洞窑址发掘完以后，有位日本学者来访，在山麓的一个岔路口他停住了脚步，说当时他走右手边的支路了，如果走左边的支路那找到老虎洞窑址的就是他了。老天爷真有眼啊！唯有自然地形、林木形成的屏障，才使得"哥哥洞窑"悄无声息的烧了差不多有元一代的陶瓷。

其实没有其他谋生手段还不是最尴尬的，接下来的尴尬是有了窑场，**技术不行**，生产不了以前那样的好瓷器了。元朝开国皇帝忽必烈是有做明君的抱负的，虽然分人四等，但在具体事情处理上还是比较宽容的。在后人说元代人分十等中，工匠排在第六位，还高于文人。当这些"还为民"的工匠自发组织起来回到老虎洞时，一个尴尬的情况出现了，主要的技术工匠都被征调走了，技术力量大不如前，已经不能生产南宋官窑那样产品了，就算为了生计硬着头皮生产，产品也不一定能拿出手。老虎洞窑址元代地层远不及南宋地层出土的产品就是明证，元代地层不多的残片显示了釉光、器形大小、胎骨厚度都远不及南宋地层。当年刚接到热心市民报告老虎洞发现大量类官窑瓷片时，与已故朱伯谦老师上山察看，由于地面能看到的多为元代瓷片，质量太差，都没有引起朱老师太大的关注，更不要说元早期在南宋旧都卖类官窑的瓷器了。还有出土的"官窑"铭残碗似乎努力在向人们证明什么，但真正的官窑是不需要证明的，老百姓也看不到，只有似官非官的东西才需要书"官窑"二字，看不懂器物的文人会识字嘛，技术不行广告补。

再一个尴尬是窑场的**产权不明**。虽然窑场还在，原料也有，自行去生产也没人管，但"溥天之下，莫非王土"。以前是赵宋家的，现在自然是元帝国的，只要官府不爽，随时将官产收回。或有人告发，也会有没收的可能（生产八思巴文窑具也有遮人耳目的作用）。所以不能明说是某人或某牌子的窑，这不是明确了私产吗！那元廷官家能饶了你吗？树大招风啊。元末朱元璋在造反时，为什么提出"缓称王"，因为不称王元政府的军队就不打你，可以乘机发展势力。用模棱两可的"这个洞窑（哥哥洞窑）"应对元政府实在是上上之策，反正元人也不喜欢这类瓷器。直接明说老虎洞窑，过于暴露地点，会让人惦记。

最大的尴尬是**缺乏资金**支持。这是非常严重的问题，烧窑就是烧钱啊，一不小心就破产。即便到了明清时期的景德镇，除御窑厂有政府资金支持可保持生产而无破产之虞，民窑技术

再好也不能保证不破产，梁淼泰《明清景德镇城市经济研究》①
以众多的资料告诉我们，明清的景德镇民窑就没有出过富户。
如果说一开始尚有南宋遗存的各种原材料可以维持生产，以后
全靠东西卖出去才可以维持生产和生活。从"近日哥哥窑绝类
古官窑"看，应该是实施了一些改革，渡过了最困难的时期，
越做越好了。如果以某一个人姓氏命名，既有私产的嫌疑，又
有多掏费用的可能。

　　对于不便直言的事，中国人向来有说话隐晦的习惯。哥窑
是非正常状态下的民窑，境遇又如此尴尬，窑名不同寻常，显
得隐晦支吾在所难免。特别是销售人员向客户介绍产品很犯难：
官窑？人说好像质量差了点；民窑？人家会问哪家的，说直白
了被好事者报官就麻烦了。但总要报个名号，否则怎么做买卖
啊！急中生智说"这个（哥哥）洞窑"，可能还随手朝老虎洞
窑方向指了一下。这样就避免了官、民财产之辩，也避开了对
产品质量的质疑，反正像官窑，大家喜欢即可！唯其如此，哥
哥洞窑才能在现实的夹缝中生存下去。

　　另一种可能也是存在的，就是哥哥窑合作的窑工比较多，
在命名上用谁的姓氏都不能让众人满意，正在考虑"这个"窑
口的"这个"名称问题时，"哥哥、哥哥"的声音使人马上想

---

① 　梁淼泰：《明清景德镇城市经济研究》，江西人民出版社，1991 年。

到"这个"命名才不会使大家有意见，于是就被众人一致认可窑名为"哥哥（这个）洞窑"。无论哪一种情况，这机智的一说，便成了一种约定俗成的窑名，被如孔齐那样有陶瓷爱好的文人记录了下来。

社会的发展不是单一的，每一个具体的事件总和历史的大环境密切相关，民间的事情往往比有众多史书记载的宫廷秘事更难了解。通过以上对历史大背景和民俗方言的解读，基本明晰了所谓哥哥洞窑，或哥哥窑就是杭州凤凰山山坳里的元代老虎洞窑。尽管杭州有"修内司"和"别立"的两个南宋官窑，但郊坛下没有元代器物，而凤凰山有元代地层，其产品特征与南宋官窑泾渭分明，体现了民间窑场生产的特点，**哥哥洞窑就是老虎洞元代遗存迭压在南宋官窑废址上生产类官瓷器的民窑。**

四、哥哥洞窑的衰亡

哥哥洞窑的兴亡极具戏剧性，众所周知蒙元西征时，动不动就屠城，所到之处城市成为死寂的鬼城。但占领杭州却是没动一刀一枪，还不准兵士进城，创造了蒙元征战史上史无前例的和平交接。对于匠户也只带走了1/3，还民2/3，这才有了哥哥洞窑。明初朱元璋驱除了鞑虏，但恢复中华中并没有恢复宋官窑制瓷工艺，生产类古官窑的哥哥洞窑当然没有因此而兴旺，反而在其严酷的统治下消亡了。元末的杭州是张士诚的地盘，朱元璋为了彻底消灭张士诚，在攻打平江（今苏州）前，先于至正二十六年攻占了平江的两翼——湖州和杭州。因为攻占平江损耗非常大，朱元璋很生气，结果很严重，对苏杭课以重税，苏州农民甚至完税后就没有吃的了，只好偷逃出去。《明史》卷七十七·志第五十三·食货一"建文二年诏曰：'江、浙赋独重，而苏、松准私租起科，特以惩一时顽民，岂可为定则以重困一方。宜悉与减免，亩不得过一斗。'"这道诏书好景不长，靖难以后被朱棣又废了。

朱元璋从加强统治和发展农耕出发，大规模的迁徙民户，洪武三年，"徙苏州、松江、嘉兴、湖州、**杭州民无业者**田临濠，给资粮牛种，复三年"①。这些自发组织起来、擅自烧瓷的窑工算不算无业者，笔者也无从知晓，但当时元政府让他们"还为民"的。即便是逃过了"田临濠"，也逃不过被征徙去别处，或重新编入匠户去他处烧制瓷器。明初浙江的制瓷重点地区在处州龙泉，工匠们恢复匠户去烧瓷器的话，也是去龙泉了。匠户也好，民户也罢，都是皇家的财产，皇帝老儿让你去哪里为他家干活，你就得去哪里。没多久，朱元璋"又徙直隶、浙江民二万户于京师，充仓脚夫。太祖时徙民最多，其间有以罪徙者"②。如此大规模的迁徙，在杭州城边烧瓷谋生的哥哥洞窑匠

---

① 【清】张廷玉：《明史》。
② 【清】张廷玉：《明史》。

人，是很难逃过被征迁的厄运的。就算有漏网之鱼，以洪武皇帝的专制和保守，能允许民户擅自使用官产吗？能允许百姓随便做耕读以外的事吗？所以，哥哥洞窑略先于元朝的灭亡而寿终正寝了，不是渐变式的消亡，**而是猝死**。故明永乐时期仁宗监国就开始"复陶"了。

哥哥洞窑极似1978年安徽凤阳小岗村，其形成的原因和生产方式非常类似。为了生计，小岗村18位农民将人民公社的公产私下分割承包了，当时是对集体化社会主义道路的背叛，是犯罪，故风险很大。农民们觉得与其困顿地活着，不如冒死一搏。这一搏竟搏出了一个农村改革的典范，成为农村改革的学习榜样。南宋官窑遗留的窑工应该知道凤凰山的山岙里有曾经的官窑是官产，虽然已为泥沙所覆盖，但用了仍有随时被没收、驱赶的风险。为了生存，多名窑工自发组织起来，占有了官产，生产中将窑具标识姓氏，以明确器具和产品的归属。没想到的是这冒险的一搏，不但使他们在有元一代生活了下来，还弄出了一个古代名窑，成为后来众多瓷窑模范的榜样。不论是哥哥洞窑的民间制瓷合作社，还是小岗村的包产到户，都是农耕文明孕育出来的合作精神的反映，合作下的职责分明，自产自销，确保每一个成员都能借此生存下去。哥窑小事，却事关一个群体生存大事。

第四节　哥哥洞窑的片纹

　　晚明以后论及哥窑，都说断纹，百圾破、百圾碎、金丝铁线等，但"窑器不足珍"中并没有说哥哥洞窑有这些特征，孔齐的描述是"质细虽新，其色莹润如旧造"，质地细腻，色泽莹润，像旧东西。此时，王德翁也随即评价道："近日哥哥窑绝类古官窑，不可不细辨也"。两人的评价似乎都与开片没有瓜葛。明面虽然没有说开片，但将哥哥洞窑与官窑联系了起来。那古官窑有没有片纹呢？成书于南宋中晚期的《百宝总珍集》是这样说的：

青器

　　汝窑土脉偏滋媚，高丽新窑皆相类。

　　高庙在日煞直钱，今时押眼看价例。

　　汝窑土脉滋媚，与高丽器物相类，有鸡爪纹者认真，无纹者尤好。此物出北地。新窑，修内司自烧者。自后伪者，皆是龙泉烧造者。[①]

　　《百宝总珍集》虽不知道作者的名字，但从内容可以推知其身份。书中论及百件珍宝，每一种珍宝前载七言绝句一首，虽不讲究平仄，却朗朗上口。其后的解说文字，也多市井口语、行业俚语。所列珍宝还品评真伪优劣、辨识方法、市场行价等。特别是最后"解卖"、"收接"二条，教人如何审时度势做买卖，如何看货，实乃是南宋古玩攻略宝典。清代《四库全书》编撰官推测作者是南宋都城临安城中从事古玩珍宝生意的商贾，笔者完全赞同。"卷八·龙涎香"有"今时韩太师府修合阅古龙涎花子"之语。

　　韩太师即韩侂胄，庆元六年（1200年）进位太傅，太师、太傅均为"三公"之列，民间称"韩太师"，故推测书中所言多为南宋中期之事。郑建华先生《关于修内司官窑问题的思考》一文根据陶宗仪《说郛》的"太学不出相"条内容，认为《坦斋笔衡》官窑内容在韩侂胄被诛杀以后，那《百宝总珍集》的"今时韩太师"显然时代要略早一点。

　　此揭文献所列青器有四个窑口，汝窑、高丽窑、新窑（修内司郊坛下官窑）、龙泉窑。其中汝窑是最好的，土脉滋媚，

---

① 【宋】佚名：《百宝总珍集》（外四种），上海书店出版社，2015年。标点为笔者重点。

"滋媚"这词用得太好了，土脉滋润得娇媚诱人，把汝窑的美刻画得淋漓尽致，南宋官窑再好也没有这种滋媚的美感。南宋高宗时汝窑瓷器已是非常名贵值钱的（"煞值钱"）。解说文字里有一句非常重要经验之谈，"有鸡爪纹者认真，无纹者尤好"，有鸡爪纹的都被认作是真汝窑瓷，也就是没有冒充的仿制品。但偶尔能碰到没有开片的则是最好的，表达了另一层意思是无纹者很少。这观点也为现在考古资料及传世汝瓷所证实，2006年台北故宫博物院北宋汝窑特展的展品多为清宫旧藏，还有英国大维德基金会和日本大阪市立东洋陶瓷美术馆传世汝瓷，河南省文物考古研究所借展品是出土的，所有展品只有一件水仙盆是无纹的[①]。1987~1989年、1998~2000年河南省文物考古研究所对汝窑遗址进行了6次考古发掘，清理出来的瓷片基本上有纹，上海硅酸盐研究所的张福康等三位专家对汝窑开片进行了专门研究，认为汝窑的开片有直开片、斜开片、大开片、小开片等几种，斜开片和鱼鳞纹是汝窑的一个创造[②]。那么高丽和新窑要与汝窑相类，自然也少不了片纹。特别是南宋官窑"袭古京遗制"，很可能主要的技术工匠也是京师过来的，技术上一脉相承，片纹是免不了的。汝窑的片纹是鸡爪纹，反

① 《北宋汝窑特展》，台北故宫博物院，2006年。
② 张福康　陶光仪　袁海清：《汝官窑的釉色、质感及鱼鳞纹》，《中国古陶瓷研究》（第七辑），紫禁城出版社，2001年。

映了非沿海居民的修辞特点。杭州虽属沿海城市，但南宋都城中北来的居民很多，能见到汝窑瓷器的更是内地为主的达官贵人和有钱人。不管是鸡爪纹还是后来的蟹爪纹，均是形容片纹像尖甲在泥地上抓爬留下的痕迹。上海硅酸盐研究所的专家们也认为汝窑创造的斜开片也存在于南宋官窑器上，成因与厚釉有关。此揭文献同样提到伪者是龙泉烧造的，但没有说有无纹路。

众所周知，开片是陶瓷烧制的硬伤，从青瓷出现的那一刻起，古代窑工们就想着如何克服。但早期的青瓷大多是冥器，也没有太引起人们的重视。直到瓷器逐渐走进日常生活，成为生活器用，片纹的缺陷才成为关注的对象。唐代晚期越窑的工匠在"深如堙"的地层开采到了的优质瓷土原料，这种原料能在微生烧的条件下（《中国陶瓷史》测试秘色瓷标本烧成温度为 1140°C，不符合烧结标准。）烧成千峰翠色的秘色瓷，不但克服了石灰釉青瓷釉面流裂的现象，而且瓷器表面都有一层晶莹的水光，徐夤《贡余秘色茶盏》句"巧剜明月染春水"恰如其分的诗化了这种美丽。这种美丽来自于老天爷恩赐的泥土，这是秘色瓷最大的秘密，离开了这千载难得的泥土，也就没有纯正的秘色瓷了，即便是用现代技术，也不能复制纯正的秘色瓷。所以，要易地而去北方烧青器，就只能是另一种面貌了。

北宋晚期，命汝窑烧青器，原料变化太大了。汝州一带是高铝粘土，虽然因含铁量降低而使烧成釉色比越窑秘色瓷更雅致，但烧结温度也因含铁量降低而升高，那么仍是石灰釉的汝瓷就会产生釉面开片现象。对于以陈设为主的汝瓷来说，没烧致密关系不大，流裂则是有伤大雅的。事实上，汝窑也是完全承继了越窑的秘色瓷烧制技术，除了匣钵密封技术，还将当时北方通用燃煤窑炉，改成以槎柴为燃料的窑炉，窑温控制在1150~1200°C（汝窑考古出土的大多数瓷片测得的结果）的微生烧状态，这个温度能保证汝窑瓷器观之莹润如玉，抚之光润如绢，掂之轻盈如漆，绝对是美轮美奂人间尤物。不幸的是原材料的差异，即使全盘借鉴了越窑秘色瓷技术，可保釉面匀净不流釉，但还是解决不了釉面开片的问题。微生烧是一个纯技术活儿，并非窑温降几十度那么简单，跟釉的配方密切相关，不同的釉降温的幅度也不一样。釉的配方中某些微量元素达不到要求，就烧不出釉色。浙江某古陶瓷博物馆自置小龙窑仿烧秘色瓷，在1140°C就是没有烧出釉色来，因此而怀疑《中国陶瓷史》测试的秘色瓷窑温1140°C弄错了，其实不然，是釉配方问题。所以，微生烧技术是唐代越窑的伟大发明，其影响波及宋代最著名的汝窑和官窑，汝窑釉面大多开片，是因为其釉中的微量元素与越窑秘色瓷不同，即便学了越窑微生烧技术，还是得把窑温提高一些，窑温一高开片在所难免。

上海硅酸盐研究所的专家们把汝瓷开片当作是汝窑创造的

技艺在研究，应当不是工匠们的愿望，无纹的成功率太低了，以至于古玩商有鸡爪纹当作汝瓷特征而"认真"，偶尔还是能碰上无纹者的，当然是尤好喽！由于汝窑设立了雅致的粉青釉标杆，釉层增厚而使釉质莹润带来的美感，以及"鱼鳞纹"因色调反差时隐时现，会产生立体感观，如此种种视觉的美感被当作"古京遗制"的一部分而为官方瓷窑所承袭，古官窑的制造标准当然是被"认真"的有鸡爪纹汝瓷，鸡爪纹自然也成为官窑青瓷普遍现象了。与汝官窑瓷器一样，南宋官窑也有无纹者尤好，郊坛下官窑的无纹者多于老虎洞官窑（如图），占比

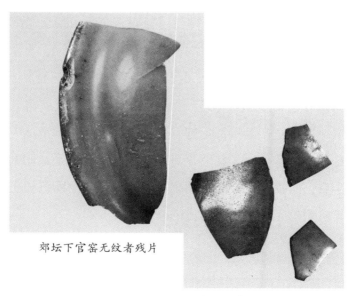

郊坛下官窑无纹者残片

浙江省博物馆标本库藏品

仍很少。从无纹者尤好可以看出，无纹青瓷才是汝、官窑追求的高标准，但实在是太难了，难度之高是有纹者认真，即多数有纹。所以，类官的哥哥窑开片特征并没有引起早期鉴赏家的注意，好像"类官"就涵盖了官窑的所有特征，普遍都有开片，不需要提及。

因此，哥哥洞窑绝类古官窑是有片纹的，其片纹传承于汝窑的鸡爪纹。但这不是最主要的特征，孔齐的时候甚至可以忽略不计的。如果要归纳全面一点的话，哥哥洞窑的特征就是：釉色莹润，质地细腻，有鸡爪纹，表面虽新，极似旧造，类古官窑。

《中国陶瓷史》37年前预见《至正直记》可能会是解答哥窑问题的所在，通过对老虎洞窑址发掘遗存的解读，再重新深入释读《至正直记》，陶瓷史的预言是正确的。《至正直记》记录的哥窑信息较为简单，但还是比较完整的，诸如窑名、时代、窑口性质、产品特征等都有所反映，与老虎洞窑址元代遗存的释读也基本一致。**其"哥哥洞窑"的名称，是最初的、完整的窑名，所指是元代老虎洞窑，同时也是中国陶瓷史上真实存在于杭州的元代民窑，与传说故事无关。**

第三章　官哥之分识哥窑

官哥不分由来已久，明万历早期的高濂已经觉得很困难了，所以他将两窑并在一起论述。他的理由也很充分，两窑取土俱在凤凰山下，品格相同，也就是原料一样，风格一样，自然是难分的。新世纪伊始，老虎洞窑址发掘品整理完毕，受文献影响仍不能完全区分官哥，还是停留在釉色釉质、片纹形式、紫口铁足等表象的讨论，甚至将"烧于私家"的哥窑提升为官府窑场，那官哥还怎么分呢？南方青瓷胎釉原料各异，加上龙窑不同窑位的窑温都不一样，变化是非常大的，表象只能作为辅助参考，是芝麻，西瓜则是"制"。所谓"故京遗制"的"制"，包含了生产方式和生产技术，换言之就是哲学上的生产关系和生产力，包括资金、组织者、原材料来源、工匠身份和技术能力、产品出路等等，所有的表象都因为"制"的不同而不同，又会因为"制"的某些相似而有某种共性。这些因素决定了只有弄清"制"的问题，表象问题迎刃而解，从而区分官哥。元人孔齐讲的哥哥窑是类古官窑，就是很像官窑，但不是官窑，自然和袭故京遗制的官窑有许多差别。如果受虚伪文献影响而任意拔高哥哥窑，把哥哥窑当作官窑来想象，那么就会被官"制"所困，在认识上就找不到界线，无法突破官哥不分的误区。既然哥哥窑是类官的产品，在生产上一定与官窑有某种相似的意趣，那解决问题自然要从官窑说起，看看南宋官窑的"制"有哪些特点。

第一节　南宋官窑

南宋叶寘的《坦斋笔衡》和顾文荐的《负暄杂录》有内容非常相似的记载，现在大多采用《坦斋笔衡》的记载，其文曰：

> 本朝以定州白磁器有芒，不堪用，遂命汝州造青窑器。故河北唐、邓、耀州悉有之，汝窑为魁。江南则处州龙泉县窑，质颇粗厚。政和间京师自置窑烧造，名曰官窑。中兴渡江，有邵成章提举后苑，号邵局，袭故京遗制，置窑于修内司，造青器，名内窑，澄泥为范，极其精致，油色莹澈，为世所珍。后郊坛下别立新窑，比旧窑大不侔矣。余如乌泥窑、余杭窑、续窑，皆非官窑比。若谓旧越窑，不复见矣。[①]

---

① 【元】陶宗仪：《南村辍耕录》卷二十九，中华书局，2008 年。

叶寘，字子真，号坦斋，池州青阳（今属安徽）人。生卒年不详，主要生活轨迹在南宋晚期，政治上属于抗金派。所著《坦斋笔衡》一卷今已不存，关于窑器的文字主要保存在元末陶宗仪的《南村辍耕录》和《说郛》中。

此揭文献除"邵成章"为邵谔之误，其他从袭古京遗制到内窑，再到郊坛下新窑，均被考古发掘所证实，实在是难得的好文献。据杭州市文物考古所唐俊杰先生披露，在老虎洞窑址发掘区南侧山坡（T31）的南宋地层中发现印刻楷书"邵简界"石界碑[1]，证明文献中的"邵局"也是存在的！

此揭文献着重点是讲南宋官窑，却反映了北宋中晚期至南宋晚期与皇室有关的瓷窑状况，同时揭示了官窑的来龙去脉。全文分北宋和南宋两部分论说，北宋部分论说烧青器缘起和官窑源起；南宋部分讲了此文献的重点——南宋官窑如何袭古京遗制，以及仿南宋官窑序列。

汝州烧青器缘起是因为定瓷有芒不堪用，这里有两个问题需弄清楚的："有芒"和"不堪用"。所谓"有芒"窃以为非芒口，而是光芒。《史记·天官书》："以八月与柳、七星、张晨出，曰长王，作作有芒。"东汉张衡《思玄赋》："扬芒熛而绛天兮，水泫泫而涌涛。"都是光芒之意。为什么有光芒就不堪

---

[1] 唐俊杰：《关于杭州老虎洞南宋窑址性质的探讨》，《南宋官窑与哥窑》国际学术研讨会论文集，浙江大学出版社，2004年。

用呢？一是刺眼，不如玉的光泽柔和雅致，也不符合皇室"贵柔守雌"的理念；二是此时定瓷因为以煤为燃料，造成釉色白中泛黄，所谓"人老珠黄不值钱"是也。故要汝州造**如玉的青器**。第二个关键词是"不堪用"，那说明曾经用过，没用过哪里知道不堪用呢，所以汝瓷之前宫廷肯定是用过定瓷的，至元代，定器成为文人士大夫追逐的"珍玩"也就不足为奇了。

北宋晚期的汝窑一般都称为"汝官窑"，从此揭文献内容看并不是真正意义的官窑，是"命汝州"烧制青器，似为以"命令"的形式让地方开办青器窑场，皇家财政拨款是肯定的，但管理是地方管理，皇室派人挑选合乎要求的产品回京师，故可以"唯供御拣退后，方许出卖"（周辉《清波杂志》）。难怪南宋中期的《百宝总珍集》记载南宋时临安珍玩市场有汝窑买卖，却没有说北宋官窑也有买卖。据此，汝窑制度可能算不上完全意义的官窑，真正的官窑是后文的"京师自置窑烧造"的形式，从老虎洞南宋地层的 24 个碎片堆积坑倒推回去，自置窑烧造是不允许拣退出卖的，所以文献紧跟着强调"名曰官窑"。

在汝窑引领的青器生产中，北方有唐、邓、耀州诸窑跟风烧青器，南方则有处州龙泉窑，也就是南方首先烧制类汝窑产品的是龙泉窑，按照文献的语义，烧制的时间应该在北宋晚期，这种类汝窑的天青色（或粉青）白胎青瓷比汝窑略显粗厚（如图）。

宋龙泉窑粉青釉梅瓶　　　　图片采自《青韵》

中兴渡江以后，按照故京的制度设立官窑，有内窑和新窑，并重点叙说了官窑如何生产的。后面仿南宋官窑序列内容对探讨哥哥窑极为有益，因为乌泥窑、余杭窑、续窑是"俱法官窑"的，为同时代的法官窑，应该在形制、制作上有许多相似之处，无非质量上"皆非官窑比"。此俱法官窑的序列中竟没有哥窑，足见南宋晚期哥窑尚未出世，要晚到元末《至正直记》才有哥哥窑"绝类古官窑"一说。一个用"法"字，一个用"类"字；一个无"古"字，一个有"古"字，其地位和性质明显不一样，但两者的对象是一样的——南宋官窑。

一、袭故京遗制

南宋官窑最重要的特点就是"袭故京遗制"，所谓"故京遗制"就是"京师自置窑烧造",即官窑的生产方式。官窑的生产方式有资金、原料、技术、人力等各方面的保障,有专门的官员管理,故在产品质量和审美意趣上具有时代的引领作用,民窑生产都是以官窑产品为圭臬的。

按照《坦斋笔衡》的说法,真正意义上的官窑出现于北宋政和(1111~1118 年)年间,虽然没有考古资料,我们依旧能从"袭古京遗制"的南宋官窑去推想。南宋"中兴渡江"后,青瓷生产的中心又回到了南方,官窑生产也过江安营扎寨,受"京师自置窑"的影响,此时官窑设置既不是越州,也不是处州,而是杭州,即当时的"行在"临安,自此修内司所辖官窑生产的黑胎青瓷成了南宋青瓷生产的标杆。从文献看南宋官窑有两个,一是内窑,后又称"旧窑";另一是郊坛下官窑,宋人又称"新窑"。以"新"、"旧"区别置窑的先后,非常有宋代特色,前人编的唐代史书被称为《旧唐书》,本朝编的称作《新唐书》。从南宋中期《百宝总珍集》记载"新窑,修内司自烧者"语句看,郊坛下官窑在"韩太师"时期(1195~1207 年)就已经在烧青器了。说明文字没有提旧窑,是否此时"旧窑"已经停烧了。南宋时摹仿官窑的民间瓷窑有乌泥窑、余杭窑、续窑等,龙泉窑没有名列其中。或因官窑原料的改变,生产的是不同于汝窑、北宋官窑的黑胎青瓷,而龙泉窑主要产品是向汝、官学习的白胎青瓷,已不属于类南宋官窑的青瓷，其中学习南宋官窑的黑胎青瓷成为当地的小众产品，代表不了整个龙泉地区的瓷业状况，只能另取其名以别之，比如"乌泥窑"。

从文献"比旧窑大不侔也"看，官窑似乎是越烧越差了，并没有因术有专攻、熟能生巧而好起来。"侔"字的意思是相等、齐等，大不相等可以是更好了的意思，也可以是更差了的意义，从语气看应该是愈来愈差了。但是在向官窑学习的民间诸窑，连"新窑"的水平都比不上，是"皆非官窑比"。的确，官窑的生产技术和能力是独领时代风骚的。

南宋的自置窑情况基本是明晰的，有"邵局"专人管理，都"置窑于修内司"，属修内司管辖，一为内窑，一为郊坛下新窑。凤凰山老虎洞南宋地层遗存大多数专家学者都认为是文献记载的内窑，此窑虽在山旮里，距南宋皇城直线距离只有 100 米，相隔一个小山岭。郊坛下乌龟山官窑（新窑）也在南宋临安城外，距皇城直线距离 2000 米。所以，自置窑就是要求窑场离使用的地方——皇城不能太远，运输方便且成本低；但也不能近到影响皇城里贵族们的生活，即使百米也要有山岭阻隔。不知道北宋京师自置窑的地方有没有瓷土，南宋两处自置窑的地方都有优质瓷土矿，只要置窑了，就直接占有了优质资源，窑场成为一个封闭的小世界，管理起来非常方便。

南宋的"故京遗制"与汝窑又不完全相同，因为是封闭式的管理，拣退的瓷器是不能出卖的。老虎洞南宋地层有堆放比较整齐的24个碎片堆积坑，其中"大多系人为砸碎"，很多同坑碎片都能拼对成整器①。可见，严格的官窑制度对于不合标准的瓷器，处理方式是砸碎就地掩埋，不允许流入民间市场，与明代景德镇御窑厂相似。承袭北宋官窑制度的结果是南宋官窑的传世文物并不比汝窑多。

宋代匠户虽然都是登记在册的，管理上相对宽松一些，应该是分官方匠户和民间匠户，官窑里的匠人，白天在窑场工作，晚上是回自己家里休息的，尊称为"待诏"；余杭窑、乌泥窑、续窑等诸窑就是民间匠户赖以生存的窑场，窑场里的匠人尊称为"大夫"。这些在宋话本小说《碾玉观音》②中都有反映。小说主人公崔宁，是三镇节度使咸安郡王门下碾玉待诏之一，因设计得好，从众待诏中脱颖接了郡王的玉作活儿，玉料是郡王的，崔宁只负责玉作活儿。郡王府在杭州城内井亭桥，崔待诏家在城外石灰桥（两地名现均沿用），并不是完全的人身依附关系。后来崔待诏与郡王府中的绣作——秀秀养娘私奔到潭州（长沙郡），为了生计，挂出"行在崔待

---

① 唐俊杰：《南宋郊坛下官窑与老虎洞官窑的比较研究》，《南宋官窑文集》，文物出版社，2004年。
② 【宋】佚名：《碾玉观音》，程毅中辑注：《宋元小说家话本集》（全二册），人民文学出版社，2016年。

诏碾玉生活"的招牌讨生活。秀秀养娘是被其父卖入郡王府做刺绣活儿的，能仿绣皇帝赏赐的"团花绣战袍"，她在王府工作期间，没有工钱的。其父亲是一个民间裱褙匠人，开了一个裱褙铺，郡王的虞候称他为"璩大夫"。因为郡王将玉观音献给了皇帝，在皇宫里玉观音上一个铃儿碰掉了，好在底部有"崔宁造"铭款，皇帝宣当时因私奔在建康府监视居住的崔宁见驾。崔宁修好了玉观音，皇帝还付了工钱。三个人物，代表了宋代三种手工业者：郡王府玉作待诏，官匠；民间裱褙匠人，民匠；郡王私有的绣娘，应属于匠奴性质。官窑工作的工匠，应属崔待诏那种。

二、澄泥为范

澄泥为范也是故京遗制之一，它可以使得产品周正，同类产品大小一致，摆出来也比较好看。澄泥为范还有助于计算工料，宋代对经济之事是很计较的，特别讲究标准，北宋李诫《营造法式》就是一部讲究建筑设计和施工规范的书，也是验收计价的工具书。澄泥为范类似于陶瓷制造的营造法式范围，来源于汝窑的制坯方式，器物的用泥量、尺寸、人工等都有标准可以计算，老虎洞考古也证实了此特点。唐俊杰先生说："在老虎洞窑南宋地层出土的大量瓷片，经过拼对成型，便可发现一个奇特的现象，同一类器物，其造型大小完全相同"。而且

"器身与圈足分制后再行粘接的"①，和宋代金银器的做法有些相似。

　　澄泥为范的另一个好处是器物的壁可以做得细薄，而且方便对胎进行打磨，从而影响施釉，釉面平整润泽，烧成以后显得"极其精致"（如图碗底部）。但细薄以后烧制的难度是极大的，即便是最平常的碗盘，废品率也是很高的，那只有不计工本的官窑制度才能做到。有一位以实践研究越窑制瓷工艺的朋友告诉笔者，其实澄泥为范而成的坯件，没有在旋转的陶车上拉坯形成的应力，温度控制得好反而不易烧坏，坯胎烧坏往往是跟着拉坯时的应力走的。所以，朋友认为澄泥为范有利于提高成品率，那么，澄泥为范还有技术进步的意义。

　　南宋官窑是含铁量很高的瓷土，制坯以后施釉的难度远大于汝窑，一不小心坯件就因为釉浸湿而损毁。老虎洞窑发掘出四座马蹄形小窑炉，被认为是用来多次上釉的素烧炉。笔者认为不排除还有另一个作用，就是对坯件先行素烧。高铁瓷土经过了素烧，即使澄泥为范，制成了很薄的坯胎，也不会在施釉时坯件就损毁了。

----

① 唐俊杰：《关于杭州老虎洞南宋窑址性质的探讨》，《南宋官窑与哥窑》论文集，浙江大学出版社，2004 年。

杭州私人收藏　南宋官窑碗　　　　　　　背面

三、油色莹澈

　　釉，是青瓷质量的关键因素，即便是法门寺的秘色瓷也有器形不正的，但釉一定是水汪汪的。官窑的釉是承继汝窑的，汝窑仍然是石灰釉，但色泽粉青、天青，为青瓷中雅致色泽之圭臬。南宋人形容汝瓷釉为"滋媚"，滋润妩媚，极其生动。老虎洞窑址考古证实南宋官窑的釉初学汝窑，釉并不太厚。随着技术的进步，胎壁渐薄，釉层渐厚。釉也由石灰釉渐为石灰碱釉，石灰碱釉较好的高温黏度便于多次上釉，多次上釉就要多次素烧，最后在1200℃左右的高温中一次烧成，烧成后的釉色被形容为"莹澈"。多次上釉，多次素烧的技术，是南宋官窑发明的，这是南宋官窑独特之处。官窑的釉质（非釉色）

优于汝窑和哥窑，也是区分官哥的重要识别特征（如上图底部）。图中碗内釉质如不受胎色影响，比传世汝窑的滋媚更多一点润泽，在窑址里是见不到如此精美的瓷器的，只有在宫殿旧址使用成品之地才有可能出现。南宋官窑由于胎色较深，会通过釉层影透出来，釉质不管如何莹澈，色泽都会深于汝窑，带有青灰的调子。在底部等釉薄的地方，隐隐地泛紫红色（见碗底图片），这就是《格古要论》所说的官窑"色青带粉红"特点，也是其他窑口青瓷没有的现象，老虎洞窑址元代堆积层位的出品也没有。

四、"法古"和"紫口铁足"

有二个重要的特点《坦斋笔衡》没有论及，那就是"**法古**"和"**紫口铁足**"。明万历高濂的《遵生八笺》在论官哥二窑时，这两点是作为重要特征论述的。虽然该文献一直被质疑"何所本"？生在杭州长在杭州的人谈论官哥窑都是眼下脚下的事情，况且富有的高濂还是一位颇有见地的古玩收藏家。他在论官哥窑时说："官窑品格，大率与哥窑相同……论制，如商庚鼎、纯素鼎……祖丁尊，**皆法古图式进呈物也**。……若上五制，与敧姬壶样，深得古人铜铸体式，当为**官窑第一妙品**。"[1] 这里所

---

① 【明】高濂:《遵生八笺》，巴蜀书社，1988 年。

说的"制"是指制式，官哥的制式皆是"法古"的商鼎周壶，但最后又说"当为官窑第一妙品"，好似与哥窑无关，说明高濂认为法古最到位的东西应该还是官窑生产的。虽然口上说了官哥品格相同，到具体实物时，还是有所区别，实事求是地说了"官窑第一妙品"。如果考察一下出土残器和传世官窑器，高濂是真有所见也。法古图式是南宋官窑重要特色，其古物图均来自于北宋王黼的《重修宣和博古图》[①]。

笔者曾在杭州一位民间收藏者那里见到过两件鼎彝残件（如图），瓷鼎能看出器形全貌，看不出是否有双耳，根据《博古图》应该是扁方半环耳。釉为油润的淡黄色，这种釉一般称其为米色，或淡白、月白，这些都没有反映出其油润的质感，从字面理解就很难区分出官哥瓷器了，哥哥洞窑也有这种釉色。如果将同色的官哥放在一起，就会发现区别就是油润，且釉面有"隐纹如蟹爪"，高濂的描述非常到位。五足支钉支烧，底部还有摹仿青铜器的范痕。中间无釉处印刻金文"太叔作鼎"，无釉处并不是刮去釉而露胎的，是刻完字有意保护有款的地方，上下两字还有笔画流进了釉。查《重修宣和博古图》卷三第九图为"周太叔鼎"（如图），铭文为"太叔作鼎"，从鼎图左边拓片看，铭文写法与瓷鼎上书法一模一样，其法古忠实如此。

---

① 【宋】王黼编撰：《重修宣和博古图》，广陵书社，2010年。

周太叔鼎

太叔作鼎

杭州私人收藏，太叔作鼎铭炉

《博古图》太叔作鼎

　　另一件只有大半个底部，也是油润的淡黄色釉，釉面隐纹如蟹爪，仿青铜器的高圈足，足跟深褐色铁足，底部中心露胎处印刻金文"作宝彝"（如图），"作"字只留下一点笔画，应该是"作"字。查《重修宣和博古图》卷八第七图"商虎耳彝"落款为"作宝彝"。第十二图"周云雷宝彝"和第十三图"周雷纹宝彝"也是落"作宝彝"款，瓷片和图书中器物铭文书法一致。所以，南宋官窑法古可不是随随便便一仿，是有蓝本的，需严格按照《博古图》制作。这些严要求造成制作难度非常之大，民窑的哥哥洞窑无法企及，从而为我们区分官哥提供了依据。此类器物传世极少，台北故宫博物院的《贵似晨星》刊载有一件"南宋官窑青瓷簋"，无款，口和足跟包金属，撰文者认为是仿《博古图》中的"商父丁彝"，从器物的线条和双耳看也确如此，民间俗称"簋式炉"。四川遂宁金鱼村窖藏出土的龙泉窑"青釉龙耳簋式炉"可能近似"作宝彝"铭彝炉，其双耳与"作宝彝"瓷片同出的一残耳相似（如中图）。

两鼎彝器瓷片的出土地点是杭州建兰中学操场北侧，靠近元宝街和牛羊司街交叉口，离太庙遗址也就几百米距离。太庙是皇帝祭祀祖先的宗庙，官窑仿古鼎彝器～牛羊司街～太庙，这三者关联在一起，器物祭祀用器的意义也就不言自明了。

《博古图》作宝彝铭彝器

南宋官窑彝炉耳　　作宝彝铭彝炉器底

　　《宣和博古图》是宋代金石学著作，简称《博古图》。宋徽宗敕撰，旧题为王黼等奉敕编撰，著录了宋代皇室在宣和殿收藏的自商代至唐代的青铜器八百三十九件，依类编为三十卷。该书自元代刊刻以来，后世多有递修翻刻、抄录，直到《四库全书》收编，期间虽有小讹误，但无伪书之虞。书名《重修宣和博古图》据《钦定四库全书》提要称："而谓之重修者，盖以采取黄长睿《博古图说》在前也"。该书载录的上古青铜器是南宋官窑法古器物的原样，而南宋官窑的鼎彝残器反证了《博古图》在徽宗时代已经存在。

　　《博古图》不仅影响南宋官窑，对南宋时期其他窑口的陶瓷器形影响也很大，很多南宋瓷器形制的原样都可以在其中找到。如高濂所说的"觚姬壶"，当时人误称为"茄袋瓶"，高濂痛批曰"俗人凡见两耳壶式，不论式之美恶，咸指曰：'茄袋瓶也'。孰知有等短矮肥腹无矩度者，似亦俗恶。"现在人们因其双管状耳称其为贯耳瓶。《博古图》卷十二有相似样式的青铜器，称"商觚姬壶"（如图），与龙泉大窑瓦窑坑出土的"青釉贯耳瓶"，以及四川遂宁金鱼村窖藏出土的二件相似。遗憾的是在南宋官窑遗址中没有发现，高濂"官窑第一妙品"的品评似乎也有问题。

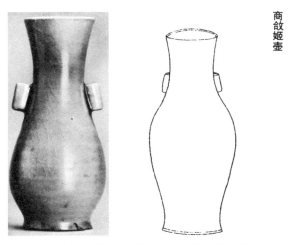

图片采自《蜀地遗珍》，南宋龙泉窑贯耳瓶

  觚，也是南宋官窑常见器形，老虎洞内窑和郊坛下官窑均有发现，高濂《遵生八笺》记载有四式："子一觚、立戈觚、周之小环觚、素觚"，均来自于《博古图》。

  老虎洞官窑的觚重心较低，觚节偏下部；郊坛下官窑觚的重心上移，觚节趋于中部。从实物可以看出瓷觚极力追求青铜

觚的效果，模仿得很有味道，制作难度是很大的。前期的制模费时费工，后期的器物较高，烧制困难，只有皇家有本钱做得如此貌似，民窑是根本办不到的，即使有也不可能如此精致。

图片采自《杭州老虎洞窑址瓷器精选》　　　　浙江省博物馆标本库

　　另外常见的器形还有觯式瓶、兽耳衔环瓶等，都参照《博古图》中样式或装饰手法进行设计制作。

　　紫口铁足是官窑和哥窑的共同特征，是明初《格古要论》首先揭示的。对此高濂的认识在古代文人中是最高的，不但知其然，还知其所以然。他说："所谓官窑，烧于宋修内司中，为官家造也。窑在杭之凤凰山下，其土紫，故足色如铁，时云紫口铁足。紫口，乃器口上仰，湴水流下，比周身较浅，故口微露紫痕，此何足贵？惟尚铁足，以他处之土咸不及此。

哥窑烧于私家，取土俱在此地"①。此段文字通俗生动，与考古发现相符。南宋内窑和元哥哥洞窑在同一个地方取土生产，加上烧制技术和窑炉结构相同，故胎骨是一样的，也才有相同的紫口铁足特征。其实以柴为燃料的龙窑，在烧制时情况很复杂，"紫口铁足"并不能涵盖所有的产品，而是少部分出于高温窑位的产品，由于玻化程度好于其他窑位的产品，才会如高濂所说的"釉水流下"而"口微露紫痕"，釉流失的多少，决定紫口色泽的深浅。同样铁足也是比较少的，窑温较高部位的器物的足才会出现铁黑色，大部分器足形成深浅不一的紫色，是紫足。老虎洞窑考古发现：无论是南宋官窑还是元代哥哥洞窑，深褐色的胎骨都带有紫色（有时候过于生烧会偏黄、偏灰），这是其他地方不及的。所谓乌泥窑、景德镇窑清代仿官哥的胎骨颜色都为深黑灰色，缺乏紫色调子，釉薄处泛紫红也是这个原因。龙泉窑有带小执耳广口杯，器口是刮釉形成褐色芒口，并不是古人所说的紫口，这种现象官窑没有，哥哥洞窑也没有。

---

① 【明】高濂：《遵生八笺》，巴蜀书社，1988 年。

第二节　哥哥洞窑写真

老虎洞窑址在南宋纳土归降时，就像无主的城堡，里面一应俱全，就是没有人气。据唐俊杰先生考证，内窑在南宋中期将制瓷任务逐渐过渡到郊坛下新窑以后，大约在 13 世纪初就停止了生产，一直废置在那里。当时郊坛下官窑尽人皆知，还有迄今不明地点的余杭窑、续窑、乌泥窑等，可能南宋末年仍在烧窑。而被元廷挑剩下的官方窑工，在宋代最后的上班地点是郊坛下官窑。对于旧王朝官产的郊坛下官窑，直接拿来私营，碰到的问题会多一点，所以战略性地选择了老虎洞窑废址。世代在杭制瓷的窑工们，对不远处山岙里曾有一个官窑窑场，应该是略知一二的，山岙里隐秘的自然环境也是首选条件，可以在不惊扰他人的情况下悄悄地生活着。再加上土矿也有，取用方便。然后是水、柴火等必须有的东西都具备，不需要到窑场以外的地方去找，也就不会引起他人注意。旧窑的复活需要懂它们的人，而懂它们的人（窑工）除了懂它们，什么都缺，这种绝佳的双向选择还有什么可说的，真是造化弄人啊！

元代的老虎洞窑失去了官府的资金支持，没有钱支持的旧官"制"对于工匠们来说非但毫无意义，甚至反而是致命的。官窑可以是"一将功成万骨枯"，民窑最好是无枯骨，都滋润活泼地为他们挣钱，挣钱就是他们的"制"，任何赔钱的"制"都要废除，任何会影响成品率的"制"都要改，只要能卖出去，都不是次品。当这种仿佛官窑，又有古雅之气，但完全是另一个面目的瓷器出现在杭州市场时，哥哥洞窑的确是有一点神秘！孔齐对距离溧阳较远的御土窑非常了解，解释得非常清楚，可能是官窑之故，要获得资讯相对容易一些。然而他亲自到过的杭州，还买了一香鼎，所记录的哥哥洞窑信息，相对于御土窑还是少了一点。好在哥哥洞窑的窑址被找到了，使今人认识其庐山真面目成为可能。

对于这个"烧瓷合作社"的开张时间，据老虎洞元代地层六足支钉窑具上既有八思巴文字又有"大元□六年"铭文的重大发现，推断可能是至元十六年。哥哥洞窑早在元初就开烧的瓷窑，既是窑工生计所迫，也有满足江南士大夫文人怀旧情结的市场需求，更是**黑胎青瓷生产的延续**。汝窑创烧了雅致的天青和粉青釉青瓷，老虎洞内窑改烧成黑胎青釉，虽然釉色因原料关系不如汝窑滋媚，但为改善釉质创烧的厚釉青瓷，使得瓷釉更具美玉的润泽。郊坛下官窑继承了内窑的成果，保持着官窑的优秀品质。老虎洞元代哥哥洞窑早早地开工，虽然使这种黑胎青瓷烧造工艺得以继续传承，但终究因生产性质的不同，对工艺进行了多方面的改革，再也不能袭故京遗制了，形成了自己独特的面貌。

前文梳理了元代老虎洞窑考古方面的信息，是识别元代哥哥洞窑的重要依据，其中以地层没有如南宋地层那样的瓷片堆积坑为特别现象。作为一个以烧柴为主的南方龙窑来说，瓷窑少有废品简直是不可思议的，推想大概出现了以下变化：

1. 官窑制度没了，对成品没有严格的质量要求，没有上色（正品）、次色（次品）瓷的概念，次色瓷也可以出窑场，无非是便宜一点卖。体现了只有民窑才有的行为特点。

2. 生产规模小了，产量较少。老虎洞窑址有三条龙窑，二条已经看不清面貌；一条15米长的龙窑，保存相对好一些。上文推测那完整的龙窑应该是元代哥哥洞窑的遗迹，反映了民窑生产量力而为，并不追求产量，能维持合作的窑户的生机即可。故产量少了，碎片自然少了。

3. 应该对生产技术进行了改革，成品率大幅度提高了，都卖掉了自然废弃的碎片就少了。

官窑制度，次品击碎掩埋了之，是需要底气的，即便是越窑秘色瓷，难度太高，极难烧成，对于要击碎的东西也是条件宽之又宽的，法门寺出土的十三件盘碗也不是个个周正的。汝窑"供御拣退"后也有出卖的。北宋京师自置窑烧造情况不明，修内司内窑却是严格的官窑制度。明代万历之前也和内窑一样，次色瓷全部敲碎就地掩埋。清代官窑主要实行雇佣制，计工给食，要计算成本了，次色瓷才开始不敲碎了，康熙雍正时期是运到北京由宫里负责变卖。乾隆二十年以后则由御窑厂自行变卖，变卖后所得银两直接补贴御窑厂。哥哥洞窑谁来补贴它，所以是不会随便把器物敲碎的。因为是类官窑，或许会将瑕疵直接说成是出土的旧物什么的，《格古要论》的"柴窑"还是"多是粗黄土足"呢，如此这般，编一个好听的故事不难，卖钱是第一位，卖不了钱才是废品。

官窑与哥窑制瓷的目的也不一样，官窑首先是为了祭祀而生产礼器，祭祀的庄重气氛，促使青瓷生产样式效法古青铜礼器。随着器物的日益丰富，才向陈设、日用发展，所以官窑制器始终贯穿着"礼"制，体现了礼器的功用。哥哥窑不然，其生产目的是为了换取维持生计的银钱，他们也没有这么多祖先神灵要祭祀，"礼不下庶人"使他们没有所谓的礼制，他们生产的目的是为了满足文人士大夫怀旧的心理，反映在器物上就是**有古意，玩赏功能**突出，适合摆在文人案头，也适合摩挲把玩，长此以往，釉面的光泽更柔雅，片纹色泽也更显现。所以，哥哥窑瓷器是为满足长三角环太湖流域文人士大夫玩赏需要而生产的青器，与元代瓷器整体风貌格格不入，是可以辨识的。

正因为其特立于元瓷之外，容易被误认为是宋器。

据此，笔者觉得哥哥洞窑是无所谓"制"的，一切技改都围绕提高成品率，样式也要易制、易烧、好卖。官窑有"制"是追求好品质，哥哥窑若有"制"就是追求好卖。曾经很纠结如何划分南宋末期官窑和元早期的哥哥洞窑，虽然南宋后期官窑烧造地点与早期不同，但原料和"制"还是一脉相承的，那官哥怎么可能有很明确的界线呢？好比景德镇窑至正型青花瓷哪些是元代的，哪些是明洪武的真不好分，除非到了洪武晚期特征很明显了。看到元代文献以后，笔者觉得还是比至正型青花好分。至正青花原地、原土、原匠，最重要的是制度升级，由官窑变为御窑，资金、技术等全有保障。哥哥洞窑则是最好的工匠被元廷征调走，资金全靠自己想办法，技术全靠留下来工匠共同探讨，属于三个臭皮匠顶个诸葛亮的状况。如此，产品质量肯定与官窑差距较大，完全不可能有南宋官窑一样的面貌。所以，有没有官窑的"制"是官哥最大的区别，没有"制"的哥哥洞窑在区分元代早、中、晚期是有困难的，区分官哥以及明代仿哥还是有许多特征可以寻觅的，主要表现在制造工艺和烧造工艺上哥哥洞窑有独到之处，分述如下：

一、制造工艺

南宋官窑产品精益求精，精致莹澈，但成品率低，这不是哥哥洞窑的工匠们所希望看到的。工匠们最好坯件不容易烧烂，少一点烧变形的器物。那改革最简便的办法就是**加固**，具体就是将胎壁增厚，回归到厚胎状态。事实上老虎洞元代地层产品确是胎体厚重，特别如足、下腹等吃重部位，通过增厚、加粗等措施，增强其机械强度。足壁加厚不仅仅是哥哥窑如此，元御土窑也就是枢府瓷和元青花碗盘足也是如此，足壁比哥哥窑还要厚很多，足跟平切，这种圈足一直沿用到明洪武时期。但哥哥窑类官，不可能像枢府瓷一样的厚足。

哥哥窑的胎普遍地比官窑厚，但疏松些，说明窑温略低一点；官窑早期也厚，但烧结度高，胎骨致密度好一些。哥哥窑不是一味地厚，而是有所选择的（如图），从图中可以看到碗

左边为哥哥窑　　　　哥哥窑盘底　　　　南宋官窑葱管脚

壁靠近足跟最吃力处最厚，越往口沿越薄，即使是完整器也能用手明显地感觉出来。碗底的厚度比足跟处的碗壁要薄，形成

圈足内深于足外的状况。再看中图瓷片底部圈足，制作规整，施釉平整，但与南宋官窑相比，足壁明显增厚。类似圈足的盘碗器，因其规整，常被误认为南宋官窑或宋哥窑，需重新审视其年代。

与圈足功用相同的炉足，如葱管状的足加粗增厚；鼎炉的实心短脚改为乳状足。乳状足不见于南宋官窑，不合古制，是哥哥窑为了增加器物机械强度从龙泉窑借鉴来的，此后在明清瓷器上流行。如图是南宋龙泉窑黑胎青瓷乳足炉，三乳足向内收拢，足跟粗壮，相当于三个巨大的支钉，这样的炉足极利于保持器物烧制过程中不走样。哥哥窑在引进的过程中还加以改进，足的位置向外缘偏移，明显的没有那么粗壮了，乳尖也变小了，整体风貌稳重古雅。

南宋官窑炉上的立耳是模仿青铜器的，均为扁方形耳（宋代青白瓷炉也是如此）。哥哥洞窑均为桥型，并且加粗，或者干脆圆柱状泥条为耳。所有这些改变，都是为了增强器物的机械强度，使其在烧制过程中不易走样，提高成品率。

南宋官窑的器物大气而不失灵巧，重心分布均匀，颇合古制。哥哥洞窑制器较小，器物重心下移，显得敦厚古拙，有古物气象。元代老虎洞窑是以小器形为多，这不仅仅是生产小型器物，许多款式相类似的器物，器型普遍小于南宋官窑同类器物。观察几个样式，哥哥窑比官窑大致缩小了三分之一，这种制式改变情况应该在哥哥洞窑始烧不久就开始了。最初笔者注意到了出土的类似于哥哥洞窑的青瓷形制都比较小一点，老虎洞元代地层也以小器形为多，但不明白其中的原因。一日与好友聊他仿曜变建盏烧制情况，他告诉我说非常难烧，虽然他是用电柴（木柴）结合的方法烧制，但要烧制 1:1 大小的茶盏成功率非常低。他说在烧制时，也是怕失败，一炉只使用最好的窑位烧二件，运气好一成一败，运气不好，两件均败，白辛苦一场。为了养活窑场，把器形缩小一些，成功率大为提高。这一席话让我一下明白了哥哥洞窑器物略小一点的原因。

大器难烧一直是瓷器发展上的瓶颈，器大一寸难烧十分。当大型陶罐被烧制出来的时候，青瓷却办不到，即便原始青瓷由于火候略低于成熟青瓷，最多只能烧制瓿、鼓架、长颈熏瓶等稍大一些的器物。成熟青瓷腹径、或高度超过 30 厘米，都属于大器，烧制难度极大。即便是明代御窑厂，正统年间定制的大龙缸无一成功，所见均为御窑厂掩埋的碎片拼对出来的。清代顺治时期御窑厂烧制"面径三尺五寸"的大龙缸，高三尺栏板，均未成功[①]。瓷器必须高温才能烧成，高温又制约着瓷器的大器生产，器壁薄了立不住，厚了不易熟，还容易炸裂。器物大了，釉面也会因为受热不均匀而光泽不一，这对以釉取胜的青瓷来说是不能接受的。所以要提高成品率，**缩小器型**，或设计**小器大样**的器物，不失为明智之举。

哥哥窑刚开始可能尝试着按宋官窑标准生产合规制的琢器，如《哥瓷雅集》图版 62 的米黄釉双耳葱管足鼎炉，从粗壮的炉脚和双耳，以及炉内底支钉痕可判断为元哥哥窑产品（书中名称"哥（官）窑型米黄釉双耳三足鼎式炉"）。该葱管足炉高 17.5 厘米，如放在官窑中属于中等大小器物，而在元代哥哥窑属较高大的器物，非常少见。比较多见的哥哥窑产品，基本略小于南宋官窑和龙泉窑。

哥哥窑的琢器比官窑的大约小三分之一，但还不具有普遍意义，须有更多的相类器物比对，方可以作为鉴别手段。笔者选择的是相对多见的鼎炉，都以可靠的出土鼎炉为对象进行了比对，结果是正确的。老虎洞窑址瓷器精选图录中有两件南

---

① 【清】蓝浦原著、郑廷桂补辑：《景德镇陶录》，黄宾虹、邓实主编：《美术丛书》，江苏古籍出版社，1986 年。

宋地层出土的立耳三足炉，炉脚为短小的实心足，尺寸基本一样，高 13.3 厘米和 13 厘米，口径 15.4 厘米和 15 厘米，腹径 15.7 厘米和 15.6 厘米（如图）。韩国新安沉船是比较明确的元代中晚期沉船，其出水的立耳三足炉研究者大多认为是老虎洞窑产品，瓷炉高 6.9 厘米，口径 8.4 厘米（如图），与老虎洞南宋地层瓷炉的缩小比例正好是 1/3 光景。老虎洞南宋地层出土的鬲式炉似乎也是按鼎炉尺寸标准生产的，除因器形深腹和立耳增加的高度外，口径和腹径尺寸基本一致。

图片采自《杭州老虎洞窑址
瓷器精选》官窑炉

图片采自《大元帆影》哥哥窑炉

类似的立耳三足炉，还有 2012 年长兴石泉明墓出土的立耳三足炉，青灰釉，片纹为黑色和橘黄色交织而成（类似于金丝铁线），非人为加工，黑色为入土前已形成，橘黄色纹片（类似鳝血纹）为入土后沁入的土色。从炉高 6.6 厘米看，也接近 1/3。此炉有意见说是南宋官窑，还有意见说是明中期，笔者曾经上手仔细看过，根据形制的变化和釉的质感判断应是元代哥哥窑。与炉同出的还有一件小贯耳瓶，和上海青浦任氏墓出土的贯耳瓶同款，一贯耳破损，露出了未烧结的黑黄相杂的胎骨，此种状况在老虎洞窑址的碎片中经常可见，加之规整的修足，平整无光的釉面，无疑也是哥哥窑产品。

　　近日读李申的《中国科学史》，才明白缩减三分之一并非凭空想象，也是经验和智慧的传承，是先秦时期"数"的智慧"三分损益法"在陶瓷工艺改良中的运用。据《管子·地员篇》说："凡将起五音，凡首，先主一而三之，四开以合九九，以是生黄钟小素之首，已成宫。三分而益之以一，为百有八，为徵。不无有三分而去其乘，适足以是生商。有三分而复于其所，以是成羽。有三分去其乘，适足以是成角。"三之四开即 3 连续乘四次得 81，就是宫音；"三分而益之以一"就是加上 81 的三分之一，得 108，为徵音；108 减去三分之一，得 72，为商音；72 加上其三分之一，得 96，为羽音；96 减去三分之一，得 64，为角音。先秦时期的智者认为声音也是可以用数计算出来的，所以现在人们看到的古代实用青铜编钟大小不一，都是通过计算制作成不同大小，表现不同的音律。哥哥洞窑的工匠们想要缩小形制，但不知道缩小多少为最佳状态，他们自己又不会设计产品样式，只有在曾经做过的老产品上做文章。作为陶瓷匠人，前秦传承下来的"三分损益法"应该是多少知道一些的，浇铸青铜的范就是陶工制造的。因此，首先尝试的就是减掉三分之一体量，最终产品易烧，且外观不失"官"味，使得窑工们将减损三分之一运用到大部分产品上。

器形缩小和胎骨增粗增厚，是哥哥窑的战略改变，保证了在没有官方资金支持的情况下，窑场能够继续生存下去，并且越做越好，以至于"绝类"古官窑了。《中国陶瓷史》在说"元代瓷器的造型与装饰"时，给元瓷总体定性为"形大、胎厚、体重"。"形大"不仅仅是元人审美的体现，更是元代制瓷技术进步的表现。瓷器造型的硕大，是建立在技术进步和资金充裕的基础上的，无论是龙泉青瓷，还是景德镇卵白瓷和元青花，都以硕大、周正、纹美为审美意趣，不仅深得蒙元贵族的喜爱，也远销海外为西亚诸帝国的王公贵族所青睐。哥哥洞窑的小器说好听点是小器大样，说难听点叫无奈之举。即使仿官窑也做不到，只能得其"意"而不能仿其（大小一样的）型，所以说是"类古官窑"。

二、器物形制

哥哥窑器物形制多瓶尊玩器，也类古官窑。虽然做不到仿《博古图》水平，但器形上基本能做到**有古意**，产品也偏重于雅玩器，如陈设瓷和香炉等。这样，在缺乏技术和财力的情况下，变通着"法古"，形成了其独特的时代特征，从而使产品为好古者所欢迎。

先说**炉**

哥哥窑的炉主要有：铜鼎样式；青铜彝簋样式，即簋式炉；经典的是哥哥窑自创立耳乳足炉。

官窑鼎炉均法《博古图》，如上文所说的"太叔作鼎"，就是《遵生八笺》所说的上品"葱管脚鼎炉"。哥哥窑鼎炉极少，故宫博物院尚有传世品珍藏，应该都是元早期生产的。如《哥瓷雅集》图版15"哥窑灰青釉双耳三足鼎式炉"和图版62"哥（官）窑型米黄釉双耳三足鼎式炉"，两炉口径一样，高度相异，粗壮的半环形立耳，葱管脚比同类型的官窑粗壮。重要的是内底都有支钉痕，叠烧器物不合宋官窑制度，老虎洞窑元代遗存倒多见此现象，应是元哥哥窑产品。这类较高大的产品烧制难度较大，元后期少有生产。

有一种带双耳的青铜簋样式的炉，一般都定名为"某耳簋式炉"，在《博古图》中称彝，上文所说的"作宝彝"就是南宋官窑的法古彝炉。彝，文字下面不是器物常用的"皿"字，而是"廾"字，在金文中示以双手奉献，故宗庙祭器统称彝器，簋也可称彝簋。带方座的簋，《博古图》有一件类似的，铭文记为"尊彝"。仿古青铜的瓷炉铭文称彝，文献称彝炉，现在一般依造型和功用称簋式炉，在词义上没有冲突。南宋早期内窑有生产，所见均为淡黄色釉，似故意为之，仿青铜色泽。彝炉与青铜器一样有高圈足，易变形，极难烧制。所以到哥哥窑全部改成低矮的"簋式炉"了（如图）。炉耳许

多图书都称为"鱼耳"，《遵生八笺》只有"戟耳彝炉"，未见"鱼耳彝炉"。此类器物釉厚，不易辨认，貌似鱼形，也没有鲜明的鱼的特征，实属猜想式命名。根据南宋龙泉窑类似炉形的双耳，似为抽象的螭龙，《博古图》认为彝器双耳是螭，耳下垂的是珥，所以类似模糊不清的炉耳恐为螭耳之误。特征模糊不清反映了制作上不太讲究，也比较方便，不需要制模刻纹，省料省工省时。最终审美不追求形似，只要意到即可，民窑"制"的体现。

宋代这种款式炉的整体器形应与四川遂宁金鱼村南宋晚期窖藏出土的簋式炉相似，该炉18.4厘米大口径与12左右哥哥窑簋式炉口径相比，差不多也是1/3略弱，与台北故宫所藏的南宋官窑簋式炉相差也是1/3光景，所以，类似尺寸的彝炉似为法古而缩小的元哥哥窑产品，并非宋代器物（如图）。老虎洞窑址发掘也证明元代地层出同款簋式炉，而南宋地层那么多碎片竟没有发现一件类似的残器。

近日徒弟齐八虎山赠阅台北故宫2016年出版的《贵似

晨星》图书，在年代和定名上已突破传统观念，类似的簋式炉年代都改定为元代，且避开宋哥窑的争论，只就釉质而定名青瓷，体现了现代博物馆人对哥窑产品谨慎的态度。但这些清宫旧藏的器物仍需要审慎对待，不排除有晚明的"诸窑美者"。

图片采自《蜀地遗珍》宋龙泉窑簋式炉　图片采自《哥瓷雅集》元哥哥窑簋式炉

　　立耳乳足炉，如上文提到的长兴出土的那件，《遵生八笺》称"冲耳牛奶足小炉"，近现代古董行都称此种炉耳为"冲耳"，不知道是否承袭了高濂的叫法。元代以前不见此种款式，其三乳足得意于龙泉窑三乳足鬲式炉，是哥哥窑融会官窑鼎炉自创的经典样式。此样式不仅为明清瓷器所模仿，也为铜炉所模仿，清乾隆开始在民间流传的"大明宣德年制"款铜炉，多为此款式，在宣德三谱图书中标明是仿宋瓷样式。现在文物商店、收藏品市场经常能看到，此类铜炉没有一件时代是超过乾隆的。

再说**贯耳瓶**

南宋官窑和龙泉窑中常见的贯耳瓶有三种样式，在《博古图》中称**壶**，是古青铜器三种不同用途的壶，卷十二有五件造型相似的"周贯耳壶"（如图），是南宋官窑贯耳瓶效法的一种，台北故宫有南宋官窑贯耳壶藏品与之相印证。此种南宋官窑的贯耳壶器形比较周正大气，圈足仿青铜样外撇，足壁较薄，与周贯耳壶形制接近。元代哥哥窑样式小气一点，比较明显的区别是圈足高直而壁厚，双耳较宋代反而略大，不合古制。哥哥洞窑对于这些难度较大、成本较高的器物后期很少生产，故宫博物院《哥瓷雅集》中几件贯耳壶，唯有图版8有元代哥哥洞窑的可能，其他几件明代仿的可能性较大。明代仿品形制较拙，与周制相去较远，缺少青铜贯耳壶的韵味，形制更小而显笨拙。

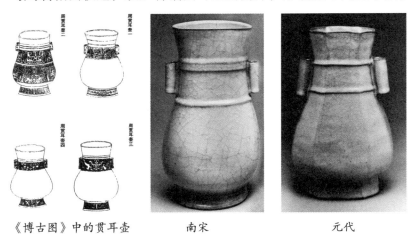

《博古图》中的贯耳壶　　　　南宋　　　　　　元代
器物图片采自台北故宫博物院《贵似辰星》

第二种是小贯耳在颈部，器身造型像清代观音瓶，非常美观，为仿商代青铜彝器。《博古图》有"敔姬作宝彝"铭青铜器，《遵生八笺》称"敔姬壶"，与贯耳壶一起评为官窑第一妙品。但官哥器敔姬壶尚未发现传世实物或窑址碎片，只保留在古文献中。而龙泉窑敔姬壶则多有出土，可见南宋龙泉窑制式也学官窑，技术非哥窑所及。

第三种是直颈贯耳瓶，样式源自青铜投壶。投壶是一种从射礼发展而来的饮宴时的娱乐游戏的道具。南宋龙泉窑直颈贯耳瓶的贯耳低于口沿，器形也较大，比较忠实于娱乐道具的原型，金鱼村出土的最大一件高达 31.1 厘米，另二件高度分别为 17 厘米和 16.5 厘米。元代此类贯耳瓶器形较小，一般高度在 12 厘米左右，与南宋多数尺寸相比矮 1/3 略强。元代贯耳口径变大，并与瓶口齐平。元代器形虽小，只能做摆设，但样式与元代实际使用的青铜投壶基本一致。下图的铜投壶高达 39 厘米，无疑是实用器具。此类直颈贯耳瓶，也是法古样式，《遵生八笺》称之为"双耳匙箸瓶"，可能是明代将观赏器实用后出现的叫法。明定陵出土有类似的金瓶，长颈里插着筷子等用具，还增加了盖子，想必就是瓶子的名称由来。

元铜八卦纹投壶,首都博物馆藏　　　　哥哥窑贯耳壶,长兴县博物馆藏

1966年南京中华门外发现正德皇帝宠臣司礼太监吴经墓,该墓葬于嘉靖十二年,出土物中有"四件官哥窑瓷器"①,一对贯耳瓶,一只双耳炉,一只小杯均为米黄色釉,满身开细小纹片(如图),披露的文章认为器物的生产时间应在元末明初。从照片看,两贯耳与常见的元代贯耳瓶不一样,耳的大小和在瓶身的位置与四川遂宁金鱼村南宋龙泉窑贯耳瓶相似。釉色和纹片合乎"浅白断纹",瓶的紫口为人为刷酱釉所致,与故宫所藏的景德镇成化御窑仿哥窑瓷器相似。景德镇成化御窑小杯形制多样,与酒文化发展有关,其中就有相类造型的小杯,这种样式小杯在此以前几乎不见。所以吴经墓出土的四件器物,至少一对贯耳瓶和一只小杯笔者认为应该是明成化御窑仿哥窑瓷器。

---

① 张浦生、邓禾颖:《浅析苏、沪、皖地区墓葬、窖藏出土的"官哥窑"器之产地》,《南宋官窑文集》,文物出版社,2004年。

图片采自《南宋官窑文集》吴经墓贯耳瓶、杯　　《蜀地遗珍》宋贯耳瓶

三、烧造工艺

　　烧造是制瓷最关键工序，哥哥窑制造工艺的系列改进，都是为了这最后一把火。因没有人会替制瓷工匠们的失误买单，所以在烧造工艺上，显示出不追求高质量，但求无破损的求稳心态。在窑具的使用上，相似大小的器物，由官窑的五足支钉扩展成六足，此六足支钉与老虎洞官窑六出锯齿状支具的痕迹不同，为元代哥哥窑特有。器物有六个支钉痕的，痕迹一定要看仔细了，有菱形和椭圆形钉痕的可能是南宋官窑。圆形六足支钉痕可以作为元代哥哥窑产品的鉴定特征，而且时代靠前，大多是元代早期哥哥洞窑产品。

　　筒状三足炉底部增添了圈足，与三足一起成为垫烧的支点，也就是所谓的支垫烧。虽然炉底圈足破坏了法古的意趣，但保证了底部的平整。大部分炉底圈足与三足处于同一水平线，只要一块垫饼就可以完成，省工省料。这种垫烧方法可能是受南宋龙泉窑影响，龙泉窑一种精美灰胎粉青器（如图），其三足是满釉的，底部增厚内挖一圈足，刮釉垫烧。

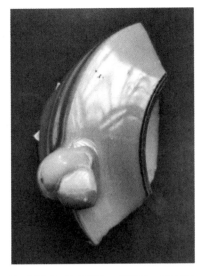

为了用足最好的窑位，哥哥窑在一些深腹大口的器物上叠烧小物件，这样可以在最好的窑位烧成两件瓷器。叠烧不是官窑制度，虽然郊坛下官窑出现过叠烧的粗瓷，那是工匠利用窑尾段位烧成的自用瓷。所以器内有叠烧痕的那类官哥不分产品，应该都是元代哥哥窑。

窑温是最难把控的，首先要了解瓷土性质，是高铁瓷土还是高铝瓷土，老虎洞紫金土是高铁瓷土，相对于汝、官窑的窑温要低一些。好在有南宋官窑的经验，哥哥窑的工匠们大致还是能把控住的。另外柴也有讲究，松柴和槎柴所产生的窑温是不同的，松柴燃烧的温度要高于槎柴，但烟大，易影响品质。哥哥窑不追求正烧的窑温，外观倒是很在意的，应该用的都是槎柴。气候也影响烧窑，比杭州更南面的景德镇，一年也只烧九个月的窑，冬季是不烧窑的。另外风太大，似为对龙窑的窑温也会产生影响。浙江某古陶瓷博物馆有平地上人造斜坡龙窑，曾见其大风后瓷器出窑的情况，正对风的一侧与背风的一侧窑温相差一百度，正对风一侧窑温显示 1140°C，出窑器物的釉如白色墙灰，背风一侧窑温显示1240°C，出窑器物为青釉。一夜大风影响了一窑产品，结果是不一样的。

　　窑温决定了釉色和釉质，还原气氛下窑温越高颜色越青，釉质越清亮，越容易开碎纹；窑温越低釉色越淡，釉质越木，纹片疏朗，降温速度控制得好可以没有片纹。鉴于以上这些因素，内窑、郊坛下官窑和哥哥窑三者的窑温相比较，内窑的窑温最高，郊坛下其次，元哥哥窑最低。这样哥哥窑器物基本没有塌陷之虞了。但这个无虞之举是有代价的，那就是哥哥窑的釉质比官窑的都要木一些，如长兴出土的贯耳瓶完全没有釉光了，那件立耳炉稍有一些亚光，釉色也青一点。这种现象在哥哥窑瓷器中很普遍，官哥在一起，釉色偏淡、釉光偏木的十有八九是哥哥窑产品。肉眼观察的经验也得到了科学实验的证实，上海硅酸盐研究所对老虎洞出土瓷片做了科学检测，结论是"南宋地层出土青瓷釉中存在数量相当多的微米级的钙长石针状或柱状晶体，比较均匀地分布于整个釉层中。元代地层出土青瓷釉层中晶体稀少，晶体集中在胎釉交界区域"①。所以，肉眼察看釉质，无论是高濂的哥窑汁料不如官窑佳，还是曹昭的色亦不好，都是说的同一个意思，哥哥窑的釉不如官窑的好，所谓好就是釉质滋润。

《格古要论》说哥窑釉色是"色青浓淡不一"，并不全面；杜正贤先生考古简报说元代地层遗存瓷片釉色以"米黄、灰青、月白"为主，也没有涵盖。综观哥哥洞窑遗存残片，实际上哥哥窑的釉色主要分灰青浓淡不一和米黄浓淡不一两类，反映了窑温、窑位对瓷器造成影响的结果。灰青一路"莹润如旧造"、"绝类古官窑"，这类瓷器窑位好，窑温高，釉水易熔融下流，部分口沿留存的釉太薄，就形成了"紫口"。此类釉的玻化程度也好一点，釉面略有光泽，易于和官窑混淆，但无"色青带粉红"的特点。米黄一路窑位较差，窑温较低，尚未见有紫口现象。这类发木的釉色是否就是曹昭所说"土脉粗燥，色亦不好"的那类哥窑瓷器，比之官窑油润的淡黄色确实粗燥，与纯正青色比肯定"色亦不好"了。米黄一路中的色淡者和后来仿哥窑极易珠目之混，这就要从铁足特征来区分了，哥哥窑的铁足是紫金土胎骨在无釉高温条件下形成的，黑中泛紫红色。明代仿哥窑大多是白胎和灰胎，另一种足部刷浆水后在高温下形

---

① 中国科学院上海硅酸盐研究所、杭州市文物考古所《杭州凤凰山麓老虎洞窑出土瓷片的显微结构研究》，《南宋官窑与哥窑》国际学术研讨会论文集，浙江大学出版社，2004 年。

成酱褐色足，都与元代哥窑不可同日而语。

哥哥洞窑是特殊历史时期的特殊产物，它是民窑，却又不同于一般的民窑。普通民窑差不多都是为本地区及周边地区生产生活所需的器物，年景好的时候因需生产一些贸易瓷，最高境界是被官府看中，生产高品质的贡瓷。元初杭州那些旧朝遗匠，是直接从最高境界被抛下来的，如同破产的、没有主人的大户人家。所谓急中生智，人的智慧在困顿的时候往往被尽情地发挥了出来，工匠们因势利导，发挥曾经官匠的长处（虽然不全面），利用身在旧都，以及废址的地理优势，框定了长三角环太湖流域文人士大夫客户圈，生产具有古官窑相貌的赏玩青瓷。在具体生产上，摒弃官窑的"故京遗制"，琢磨出适合他们这些特殊工匠的"制"，那就是"简、小、固、古"。所谓"简"，就是简化生产工序，如尽量不用泥范，采用叠烧法等，提倡节流增效；小，就是生产小器，小器大样，反元代大器风格而动；固，就是加固重要部位的机械强度；古，要求产品有古意，也就是变通版的官窑法古。**哥哥洞窑的改革"四字经"，并非是技术进步，也没有将制瓷业推进到一个新的高度，但它使得哥哥洞窑产品易烧易卖，从而保证了工匠们生生不息地"活着"！**

第四章　众说哥窑致迷离

　　所有的历史小事件都是由历史的大背景孕育的。朱元璋以恢复中华之名驱除了胡虏，并没有恢复两宋开明的政治、经济管理方式，甚至没有"胡虏"开放宽松。"片板不得入海"断了宋元热闹的海外贸易，也断了沿海人民的生机，更是埋下了倭寇的隐患。皇帝专制集权也被朱元璋发挥到了淋漓尽致，其专制、保守、滥杀，历代开国之君无出其右。为了保证朱家王朝千秋万代而无人觊觎，朱元璋称帝以后，对缙绅、文臣和文人士大夫大开杀戒，朝中有识之士无不为此感到忧虑，洪武七年大臣茹太素犯颜上疏"才能之士，数年来幸存者百无一二，今所任率迁儒俗吏"①。聪明人杀完了，朱家王朝便也稳固了。但这似乎没有阻挡住朱洪武滥杀的步伐，从洪武十三年开始，陆续发生的"胡惟庸案"、"空印案"、"郭桓案"、"蓝玉案"等四大案，光四案被株连杀害的人就达十余万之多。秦始皇当年焚书坑儒只坑杀 460 个儒生（其实是术士），还被骂了二千多年啊！有人会说不去当官还不行吗？真的不行！一经发现，"诛其身而没其家"。以至于官员每天入朝前都要与妻子诀别，回家后又要相庆多活了一天。②胡惟庸案在洪武年具有特殊意义，一是时间长，起于洪武十三年，终于二十三年，因为次年

---

① 【清】张廷玉：《明史》，卷一百三十九·列传·第二十七钱唐、韩宜可、萧岐、冯坚、茹太素。
② 《洪武御制全书》，黄山书社，1995 年第 901 页。转自晁中辰：《明朝对外交流》。

"作《昭示奸党录》，布告天下。"①了，但二十五年仍有官员因此而被诛杀的。二是借此废除了丞相制。丞相是皇帝的左膀右臂啊，从秦始皇开始设立到朱洪武，实行了1600多年，朱元璋说废就废了，无非是为了建立个人独裁统治。

洪武帝对有钱人也非常仇视，总觉得这个群体都是不劳而获的，有钱还有组织军队造反之嫌，所以要把他们都管起来，于是"尝命户部籍浙江等九布政司、应天十八府州富民万四千三百馀户，以次召见，徙其家以实京师，谓之富户。成祖时，复选应天、浙江富民三千户，充北京宛、大二县厢长，附籍京师，仍应本籍徭役。供给日久，**贫乏逃窜，辄选其本籍殷实户佥补**。宣德间定制，逃者发边充军，官司邻里隐匿者俱坐罪。**弘治五年始免解在逃富户**，每户徵银三两，与厢民助役。嘉靖中减为二两，以充边饷。太祖立法之意，本仿汉徙富民实关中之制，其后事久弊生，遂为厉阶。"②弘治五年是1492年，就是说一百多年以后这种迫害才有所松懈。富人都被迫害了，国家稳定了，朱家国库也殷实了，整个社会却失去了动力，有明一代真实的状况是"税重民穷"。

在朱元璋统治下的老百姓似乎也并没有什么特别好过，明朝社会推行里甲制，或称保甲制，"以一百十户为一里，推丁

---

① 【清】赵翼：《廿二史札记》卷三二《明祖晚年去严刑》。转自晁中辰：《明朝对外交流》。
② 【清】张廷玉：《明史》卷三·本纪第三·太祖三。

粮多者十户为长，余百户为十甲。甲凡十人。岁役里长一人，甲首一人"。法律规定"农业者**不出一里之间**，朝出暮入，作息之道相互知"。[①] 如要出门，需去衙门开路引，回来以后再去衙门消掉。明代法律首先是朱元璋亲自撰写的《大诰》，严刑峻法，家家必备。有《大诰》犯了罪可以减罪一等，否则重罚。国子监的太学生要到全国各地去宣讲《大诰》，学习《大诰》成了一场全国性的运动。

在朱洪武时代，人们能做的只有两件事，一个是耕，一个是读，提倡耕读传家，读也只能读他钦定的朱熹注"四书五经"，不能乱说，也不能乱动，唱戏说书也会惨遭割舌头、砍手的刑罚。因此，明代早期整个社会压抑得很，文学艺术万马齐喑，基本上没有什么可圈可点的。但躲在书斋里研究研究古董似乎对社会没什么伤害，《格古要论》就是在这样的环境中诞生的。

---

① 晁中辰：《明朝对外交流》，南京出版社，2015 年。

第一节　哥窑迷离之始

也许是曹昭父子成天买古董、玩古董，对朱家王朝没什么伤害，避免了朱洪武的富户大迁徙，能够安心地在书斋里格古。曹昭，元末明初云间（今上海）人，生卒年不详。编校《格古要论》的同乡舒敏在序文中称曹氏"世为吴下簪缨旧族"，即吴下（今上海）显贵人家。曹昭自书序文说："先子贞隐处士，平生好古博雅，素蓄古法帖、名画、古琴、旧砚、鼎彝、尊壶之属，置之斋阁，以为珍玩。其售之者，往来尤多"。曹父是一位富于收藏的鉴赏家。而曹昭则"侍于先子之侧，凡见一物，必遍阅图谱，究其来历，格其优劣，别其是非而后已"。[①]可见曹昭格古的本事源于家传，其"侍于先子之侧"学本事的时候估计和孔齐写《至正直记》的时候差不多。他写《格古要论》主要是因为"近世纨绔子弟习清事古者亦有之，惜其心虽爱，

[①] 《新增格古要论》（全二册）影印本，中国书店出版社，1987年。以下董窑、汝窑、官窑、龙泉窑等引文全来自于此本。

而目未之识矣"。纨绔子弟们好古而不识古，曹昭识古，遂将所见所学编成此书，以供当时"习清事古"者借鉴。

一、旧哥窑出何时何地？

曹昭的《格古要论》已经将哥哥窑省略为哥窑了，虽为吴下人，也不明白"哥哥"与瓷窑会有什么关系，更不知道二百公里外的杭州会出"旧哥窑"，所以"哥窑"首句出哪里为阙文。

> 旧哥窑，色青，浓淡不一，亦有紫口铁足，色好者类董窑，今亦少有。成群队者，元末新烧，土脉粗燥，色亦不好。[①]

也许是王佐读过《至正直记》，或耳闻哥哥窑之名，反正他增补的《格古要论》已改为"哥哥窑"了，同样显示哥哥窑产地不明：

> 旧哥哥窑出
> 色青，浓淡不一，亦有紫口铁足，色好者类董窑，今亦少有。成群队者是元末新烧，土脉粗燥，色

---

① 杨春俏编著曹昭：《格古要论》，中华书局，2012 年。

亦不好。①

　　笔者参阅的是中国书店 1987 年出版的影印本《新增格古要论》，是按照原书影印出版的。这里"旧哥哥窑出"后面的空白，不是阙文，而是曹昭和王佐以及参与编撰校对的朋友们都不知道哥哥窑出在哪里，只能留空，便于补记或重印（活字印刷只要刻字添入，单印一张就行了）。

　　文中没有提到开片，只说类董窑，还有紫口铁足。紫口铁足说明是黑胎青瓷，历史上能烧黑胎青瓷只有浙江的杭州或龙泉，不论出哪里，肯定在浙江。最后一句意思很多，元末新烧多到成群队了，貌似当时哥哥窑产量比较大，与前句旧哥哥窑"今亦少有"形成了明显的对比。但"土脉粗燥、色亦不好"就比较含混了，因为旧哥哥窑已经少有了，而且时间模糊，就一个"旧"字，烧制地点也不明，那么就不知道曹昭对比的是旧哥哥窑还是古官窑了。粗细、燥润对比也是模糊的，是正好挑了其中好的与差的比，还是同类好好坏坏各挑多少件的平均比？似乎有点强人所难，很少见的东西还能比得这么细啊。色亦不好就更不靠谱了，本来旧哥哥窑就是色青浓淡不一的，并没有说其中哪个色最好，可资比较，不明了的意思太多了。

---

① 《新增格古要论》（全二册）影印本，中国书店出版社，1987 年。以下董窑、汝窑、官窑、龙泉窑等引文全来自于此本。

还得继续寻找开片，要不说不清哥窑问题。笔者参阅的《格古要论》是杨春俏编著的，看不到原貌，也没有"董窑"条。王佐《新增格古要论》有"董窑"条，没有注明是新增的。

　　董窑出
　　淡青色，细纹多，有紫口铁足，比官窑无红色，
质粗而不细润，不逮官窑多矣。今亦少见。

同样不知道董窑出哪里，只知道与官窑相似，釉色比较单一，是淡青色（似与青器釉色浓淡不一的实际情况不符）。有开片，是细细的开片，没有说是鸡爪纹还是蟹爪纹。有紫口铁足特征，似为浙江地区瓷窑。第一章引《景德镇陶录》说董窑是东窑之误，东窑是北宋东京民窑，然而东京民窑怎么会有紫口铁足呢？姑存此说。董窑没有官窑釉面隐隐的红色，质地也稍粗一点。在明早期已经很少见到了，与旧哥哥窑相似。这里的董窑没地点，没年代，只拿官窑作比较，那么官窑又是怎样的呢？王佐的《新增格古要论》说：

　　官窑器，宋修内司烧者，土脉细润，色青带粉红，浓淡不一，有蟹爪纹，紫口铁足，色好者与汝窑相类。有黑土者，谓之乌泥窑。伪者皆龙泉所烧者，

无纹路。

此条文献时间地点清楚，的确与董窑有相似之处。文中说南宋修内司烧的官窑器有蟹爪纹的，所谓蟹爪纹结合文意看应该就是董窑的细片纹，是生活在临江面海之地的曹昭能够观察到并形象地比喻出来。这里曹昭提出了与汝窑相类，那曹昭笔下的汝窑是怎样的呢？

　　汝窑器出汝州，宋时烧者，淡青色，有蟹爪纹者真，无纹者尤好。土脉滋润薄亦甚难得。

时代、地点明确，淡青色与董窑相似。"有蟹爪纹"则是与官窑一样的。

四条文献均出《新增格古要论》，在产品的描述上具有连贯性，汝窑～官窑～董窑～哥窑具有相似特征的承继关系，都是后者仿前者。它们的釉是淡青色，或色青浓淡不一。除汝窑外，皆有紫口铁足，开片蟹爪纹，哥窑是否开片是从"类董窑"推测的，说明所谓开片不开片并不重要，不是区别四个窑口的主要特征，事实上它们都有此特征，所以不是关注的对象。能将四者区分开来是胎釉，淡青色区分了官哥和汝董，紫口铁足区分了汝董，土脉粗燥区分了官窑和元末新烧哥窑，但是与旧哥哥窑的区别没有说明，估计是曹昭说不清，故避而不说。有一点是可以肯定的，开片是正常的、普遍的现象，无纹者尤好。

《格古要论》官窑一节有乌泥窑和龙泉窑，从上下文意看，乌泥窑应与官窑相似，无非是一个乌泥，一个紫泥，胎色淡一点，差别很小，没有具体描述。龙泉窑在《格古要论》里是有描述的，因版本不同，内容有差异，分录如下：

古龙泉窑

古青器土脉细且薄。翠青色者贵，粉青色者低。有一等盆底双鱼，盆口有铜椴环，体厚者不甚佳。（杨春俏编著《格古要论》）

古龙泉窑

古龙泉窑在今浙江处州府龙泉县，今日处器青器。古青器，土脉细且薄，翠青色者贵。有粉青色者，有一等盆底有双鱼，盆外有铜掇环，体厚者不甚佳。（影印本《新增格古要论》，目录标注古龙泉窑为后增。）

两相比较，虽然相似，后者内容更为丰满。从描述文字看，龙泉窑和汝董官哥差距挺大的，除土脉细薄和汝、官近似，翠青色以上四窑都没有，粉青色双鱼也没有。最后"体厚者不甚佳"与《坦斋笔衡》"质颇粗厚"相似。《格古要论》两个版本说古龙泉窑都没有提到有黑胎青瓷，只在官窑这里提到"伪者皆龙泉所烧者"（龙泉后面还没有"窑"字）似与黑胎青瓷有关，但又说"无纹路"，不知道所指为何？

《格古要论》给我们的信息甚至少于《至正直记》，除了"铁足紫口"是增加的信息，其他都是越说越糊涂，"元末新烧"论反而使人莫名其妙，很多论者都怀疑其哥窑是不是跟哥哥洞窑是一回事，幸好王佐新增本改成了"哥哥窑"，让人们又回到了问题的正路上。

二、省称"哥窑"

哥哥窑，如果用杭州话急读，也可以读成哥窑（这窑），不影响意思，关键是不能理解成兄长烧的窑。曹昭虽然不明白哥窑的意思，但至少没有想歪。明早期虽去元朝不远，但二十多年足不出户，足以使人忘记或模糊许多事情，鉴赏家曹昭写作时，已经对旧哥窑、董窑、官窑、乌泥窑青器不能完全区分清楚了，甚至不知道哥窑和相类的董窑产地和时间，虽然是格古专著，仍然多处语焉不详。

另一个曹昭没想到的是一百七十多年后，《浙江通志》还真有一个"以兄故也"的哥窑传说故事，与此完全重名了，还

知道出处州。正好其产品也是模糊地说"粹美"青瓷，而且也是不知哪朝哪代，就给后人留下了脑补的空间了。

再一个是《格古要论》没有提到章窑或章氏哥窑，连蛛丝马迹也没有，这必须引起研究者的重视。明朝离南宋最近的就是洪武时期了，此时的格古专著都没有提到章氏兄弟哥窑等信息，那章窑和章氏哥窑的源头就很难越过洪武时期了。

三、"元末新烧"的意义

"元末新烧"是《格古要论》论哥窑时首先提出来的新现象，在新增版"哥哥窑"条中说"成群队者是元末新烧"，而且这种新烧的产品"土脉粗糙，色亦不好"，为后人设置了一个迷局，引起了诸多议论。基于"宋哥窑"说的论者都认为是元末仿哥窑，故产品质量不好。也有论者认为旧哥窑是官窑，元末新烧是民窑，故质量下降。还有研究者在讨论出土的哥窑瓷器时，把元末新烧看作是一个新起点，延续烧到明代，故将难以界定元明的哥窑，习惯性保守地定为"元末明初"。

其实曹昭在文中很明确地说是"元末"，并没有"明初"的意思表达出来，作为一位洪武时期的古玩鉴赏家，应该相信曹昭不会"拎不清"（上海话"弄不清楚"的意思）的。"新烧"的意义就比较丰富了，究竟是停烧后的复烧，还是新近烧出来的意思？如果是复烧的话，可能与《南村辍耕录》记载己亥年（1359 年）金陵游军围杭三个月有关。杭城被围期间，城中"饿死者十六七"，游军退去以后，剩下的又病死大半，也就是原来总人口的 15~20% 活了下来。据此，有论者认为优秀的窑匠死于这次灭顶之灾或大难临头前闻风远遁了，所以元末新烧质量下降了①。笔者在上文已阐述凤凰山地理的变化，元代老虎洞窑是在城外的山岙里，不可能被围在城里。如有遭此劫难的可能，也最多被抢了一下。假设没有幸免，按照人口死亡比例，老虎洞窑应该就此歇菜了。己亥离明军攻占杭州的丙午年还有七年，如果按遭难后恢复窑业考量，比如迁来一批懂哥窑烧造技术的窑工等，但在元末兵荒马乱的社会，可行性极低。比较合理的推测应该是工匠并未遭此大难，因为在城外，没有围墙的保护，也没有围墙的阻隔，很容易暂时逃跑，或躲藏避祸。这样，要恢复生产自然是比较快的。

如果是新近烧出来成群队的瓷器，似乎不合常理，元末群雄四起，战乱频频，能像孔齐那样逃难中都不忘买一件香鼎的人应该是很少的。所以，不可能大量烧制瓷器，最大的可能是新近烧出来的瓷器不如以前好卖，日积月累造成产品严重积压，形成了"成群队"的盛况。况且经过劫难的杭州城，消费能力骤减，哥哥洞窑最大的客户群瓦解了。特别是以玩赏为主的哥窑瓷器，更是无人问津了，积压是在所难免的。

---

① 牟宝蕾：《南宋官窑通鉴》，浙江出版联合集团、浙江人民美术出版社，2017年。

　　曹昭回忆以往所见，记录了"成群队"的现象，让后来者想象无限。近来研究者在断代上想象元末已经"成群队"了，应该明初还在烧制吧，在断代上往往定为"元末明初"。加上"明初"后缀，无非是依据任何事物的发展都是不会戛然而止的、肯定有一个逐渐衰退过程的理念而推定。如果真的有明初哥窑，身临其时的收藏世家曹昭不会不知道的，肯定会将旧哥窑、元末新烧哥窑、今哥窑来一个对比，以至还可能会比出旧哥窑出哪里了。

　　曹昭说元末新烧哥窑"土脉粗燥，色亦不好"，很让人搔头，因为至正乙未年孔齐还买了"其色莹润如旧造"、"绝类古官窑"的哥哥洞窑香鼎，此时距明军攻占杭州还有十一年，算不算元末？如果算，那就相矛盾了，如此，笔者宁愿相信元代亲自买香鼎的孔齐。若如不算，那几年工夫哥哥洞窑产品质量就从莹润一下滑到粗燥了啊？哥哥窑从元初至元末也烧了大几十年了，就算一代不如一代，市场购买力下降影响质量等，也不至于这么不堪吧！唯有一个可能，就是莹润如旧造的哥哥洞窑都被孔齐之类行家买走了，兵荒马乱的几年下来，剩下的都是卖不掉的粗燥色差的积压货，这种情况被曹昭耳闻或目睹了。若要拿实物资料印证，浙江长兴出土的冲耳三足炉和贯耳瓶可作为代表，炉釉色青灰，釉质润洁，就是孔齐买的"莹润如旧造"的哥哥洞窑香鼎；贯耳瓶釉色灰黄，釉质发木，就是曹昭所见的"土脉粗燥，色亦不好"元末新烧哥窑。

　　受当时社会政治环境的限制，曹昭和后来王佐对哥窑的迷离主要表现在不知道出哪里，也不知道出何时，但对于哥窑的意思尚未出现理解上的偏差，王佐还将"哥窑"改成"哥哥窑"。对哥窑产品的描述虽没有面面俱到，但基本准确。"成群队者元末新烧"是产品积压现象的揭示，"土脉粗燥，色亦不好"是积压产品的真实写照，说明曹昭对元末哥窑的境遇是真有所见。重要的是这本明初的格古书籍没有说宋哥窑，没有章氏哥窑，也没有明初哥窑，可谓迷而不迷。

第二节　被误读的《浙江通志》

　　明代打破传统的是正德皇帝，他以嬉政的面目出现，似乎在嘲笑皇室的一本正经。而且他破得很彻底，连继承人都没留下，属于大不孝，后果是给接下来承继大统带来了变数。大臣们与皇太后商量的结果是请外番朱厚熜来入继皇位，那就是嘉靖皇帝。皇室旁支子孙居帝位，在明朝是没有先例的，故即位之初便有"议礼"之争，嘉靖帝不惜廷杖大臣至死，为亲生父亲争回了名分，以实际行动告诉人们传统该变的时候还是要变的。嘉靖皇帝的前二十年还是很勤政的，把祖宗制定的海禁又严管了起来，但治安反而更差了，惹出了明代历史上最严重的倭患事件，也引出了剿倭牛人胡宗宪。胡宗宪一路抗倭，一路看山川风貌，记风俗典故，讲故事说道理，讲出了"章生一章生二"。

　　成书于嘉靖四十年的《浙江通志》因为有"章生一章生二兄弟"之语，一直被认为是了解宋龙泉章氏哥窑的重要文献，这实在是误读，因为文献中既没有宋代或南宋字眼，也没有断纹、百圾碎或百圾破的字样（如图），与所谓宋哥窑没有半毛钱关系，唯一有联系的就是以兄故也的哥窑被广为借用了。

紫溪西流而南合泰溪之水匯于大溪過雪溪東流
入于郡治佛山在縣東南十里陟其巔可盡一邑之
大觀元末衆軍胡源建塞兵于此以保鄉邑石焉
山在縣北一十五里山頂有石如馬峯聳秀有洞
穴數十每雲氣綱石而合則雨豫章山在縣南二十
里曰九嶺山嶺高百仞上有龍井九皆水藻而成各
五里唐時嘗產銅今無下環川流曰豫章川在縣西
廣袤數文深不可測飛瀑如霆馺以注于壑石匆山
合形若並簾屏如霹靂山宋時孝童蘆居此

下有孝義泉縣南七十里曰琉華山高出境內諸山
山巔寬平有長湖深不可測相傳舊有古剎龍奧雲
雨沒而爲湖山下卽琉田居民多以陶爲業相傳舊
有章生一章生二兄第二人未詳何時人主琉田窯
造青器粹美冠絕當世兄曰哥窯弟曰生二窯亦高
而征課逾厚自後器之出于琉田者已籠陋利微而
謀額不減民甚病焉然則陶工者亦何貴乎精也山
相近有嶺曰大梅嶺曰小梅嶺又西南二十里曰臺
湖山舊志云梁時有邑人丘駮樵入山忽遇澄湖
齋林杏非人間今其處則莫可踪跡矣黃鶴嶺在縣

《浙江通志》是官修志书，可信度极高，一般都由有才学、了解所述之地情况的文官修撰。编修官既是荣誉，也是责任，必须认真详实地撰写，想当然地编写要被政敌扣上欺君之罪的帽子的，故遣词造句都非常谨慎。胡宗宪（1512~1565年），字汝贞，号梅林。祖籍安徽绩溪，家族世代锦衣卫出身。嘉靖十七年（1538年）进士，嘉靖十九年（1540年）被授山东青州府益都县县令，累迁浙江巡按监察御史。因抗倭有力，官至兵部左侍郎兼都察院左佥都御史。嘉靖三十二年，胡宗宪针对倭寇活动规律，组织人员把沿海倭情、地理形势及抗倭措施编成《筹海图编》，指导抗倭斗争。抗倭结束后，根据抗倭期间了解的地理环境、民风民俗、物产课税情况，与武进薛应旂编撰了这部《浙江通志》，因薛应旂总理纂辑，又被后人称为"薛志"，也是官修省志的创始。卷首有大学士徐阶于嘉靖辛酉年（1561年，嘉靖四十年）写的序文。修志的目的序文中说得很明白："其要在纪政治之得失，垂诸后来，使足为劝戒，非徒炫博逞奇已也"。另一个目的是"观山川之形势，可以得战守之宜；观兵数之多寡，可以识选练之术；观户口之登耗、田畴之芜闢、风俗之醇浇，可以动撙节爱养之恩；又遍观于前轨之得失，而其庶政各以时修焉"①。属于知己知彼的备战目的。了解了修志的目的和创作态度，再来解读该条文献，在理解上就不会出现偏差了。

1. 章生一生二的诞生

章生一向来被传为龙泉哥窑的鼻祖，在《浙江通志》之前的《春风堂随笔》中出现过，但笔者在本书第一章已经证明恰是被后人移花接木的"史实"。那么"龙泉章氏兄弟"说首先出现在哪里呢？按时间顺序那就是嘉靖四十年的《浙江通志》。

---

① 【明】胡宗宪、薛应旂：《浙江通志》。

为了更好地解读此则文献，全文抄录如下：

> 县南七十里曰琇华山，高出境内诸山，山巅宽平，有长湖深不可测。相传旧有古刹，龙兴云雨，没而为湖。山下即琇田，居民多以陶为业。相传旧有章生一章生二兄弟，二人未详何时人，主琇田窑造青器，粹美冠绝当世。兄曰哥窑，弟曰生二窑，价高而征课遂厚。自后器出于琇田者，已粗陋利微，而课额不减，民甚病焉。然则为工者，亦何贵于精也。①

从上下文意看，这样才是完整的一节文献。先是交代地理环境，然后介绍山下居民的主业是"造青器"，章氏兄弟是其中之一，青器开始"粹美"，后因课税重而质量"粗陋"，渐衰落。研究陶瓷的只注意中间章生一生二，引用时一般都截取中段，忽视上下文的作用。但此揭文献的重点恰恰是最后一段，"民甚病"才是文献的主旨。

章氏兄弟的出现就像小时候听邻家奶奶讲故事，"相传旧有"和"未详何时人"，名字也取得颇有仙道之气，道生一，一生二。其实就是讲故事必须要有人物，活的人才能从事各种

---

① 【明】胡宗宪、薛应旂：《浙江通志》。

生产生活。从文献截图可以看到，作者查实有据的都有明确的年代，如"唐时尝产铜"、"宋时孝童"，比较眩惑不实的则用"相传旧有"和"未详何时人"。注意：撰写者在这里**反复强调是传说故事**，如果去掉"二人未详何时人"之句，一点也不影响文意。胡宗宪之所以要记录这则民间传说故事，是为了向皇帝说明当时已是"税重民穷"了，生一生二其实是琉田以陶为业居民的总化身，最多就是带头大哥，由他俩来展现因课税渐重而衰败的民间瓷业，主业衰败了，百姓挣不到钱，养不活自己，是不利于政局稳定和抗击倭寇的。话虽如此，"兄曰哥窑"因此诞生了，"弟曰生二窑"也有了，只不过是出生日期不明。兄弟俩此后 N 次地被扯进陶瓷史舞台中，影响中国古代陶瓷研究 450 多年。

2. 章生一哥窑的瓷器

每当说起章生一哥窑，人们马上会联想起断纹、百圾破或百圾碎瓷器，遗憾的是在这则文献中没有关于碎纹瓷半个字，而是说俩兄弟生产的都是"粹美冠绝当世"的青瓷。古代文人吃的就是文字饭，用字是非常讲究的，所谓惜墨如金就是要求用字精炼，以"粹"字概全貌，说明釉质匀净无瑕，"美"字体现了其釉色为青瓷最佳发色，很纯粹，全品质，符合明代主流的审美要求，而跟釉面开片没什么关系。再者章生二在龙泉县的琉田主持烧窑，叫"生二窑"，既不是官窑，也不是涵盖颇广的龙泉窑，非常客观，没有以后文献上加以的各种头衔和瓷品。人们关心的"宋代哥窑"、百圾碎或百圾破一概没有，章生一哥窑没有生产碎纹瓷，而是和他弟弟生产同一种瓷器——粹美的青器，实在令"龙哥粉"们沮丧。

　　产品"粹美冠绝当世"，这个"当世"应该指的是什么时候呢？明嘉靖以前的"当世"有北宋、南宋、元代、明早期、明中期等诸多选项了。胡宗宪在嘉靖三十二年领命抗倭，为抗倭去了解民情，期间在了解民情的基础上，曾多次上书皇帝请求降低赋税，以增加抗倭的民力。那么粹美瓷器的时间段，应该在"自后器出于琉田"之前，离记录这段文献的时间也不会太远，而且本朝的可能性最大。如果是较远的宋元时期，又非本朝事情，对比就没有现实意义了，因为那不是本朝皇帝的错，对降税抗倭也无关连。离嘉靖朝最近的、又是本朝的能生产粹美瓷器的是什么时候呢？在龙泉地区只有明早期洪武永宣时期的青瓷。

　　在宋元时期，龙泉窑的产品远没有达到"粹美冠绝当世"的地位，而是"江南则处州龙泉县窑，质颇粗厚"；"新窑，修内司自烧者。自后伪者，皆是龙泉烧造者"。这两则出自宋人的文献，对龙泉窑的评价要么是粗厚，要么是仿官，冠绝当世的是官方主导的汝窑、官窑青瓷，龙泉窑不论哪种产品只能退居次位，而无冠绝当世之誉。

元代统治者尚白，青瓷的地位并不高，粹美青瓷不能成为元朝统治者眼中的"冠绝当世"之作，虽然元廷也偶尔用釉质匀净、色如荷叶的大盘来装载祭品，海外贸易也青睐于粹美青瓷，瓷器出现片纹会让他们惊恐不安，如盛器有裂纹了会联想到食物有毒等。传世文物和考古出土出水文物证实，元代龙泉青瓷外销量很大，外贸利润高，税收不影响生产，况且产品也很好卖，并不存在"粗陋微利"、"民甚病焉"的情况。

明早期龙泉青瓷，以前只停留在故宫博物院的藏品上，2006 年浙江省文物考古研究所、北京大学考古文博学院、龙泉青瓷博物馆联合对龙泉大窑枫洞岩窑址进行了发掘，枫洞岩出土的明洪武至宣德的瓷片标本，其样式、图案花纹与景德镇御窑如出一辙，釉色青翠匀润，为奉旨"定夺样制"烧造的宫廷用瓷，"粹美冠绝当世"确是名副其实的赞誉。龙泉大窑（即琉田）开国之初被钦定为生产宫廷用瓷的重要窑场，据《大明会典》卷一百九十四"窑冶·陶器"条载："洪武二十六年定，凡烧造供用器皿等物，须要定夺样制，计算人工物料，如果数多，起取人匠赴京，置窑兴工，或数少，行移饶、处等府烧造。"朱元璋多精明啊，如果数量多了，直接在京师置窑兴工，是不是跟赵宋皇帝"京师自置窑烧造"学的？但这种状况没有一直持续下去，天顺八年成化帝即位，其《即位诏》云："江西饶州府、浙江处州府，见差内官在彼烧造瓷器，诏书到日，除已烧造完成者照数起解，未完者悉皆停止，差委官员即便回京，违者罪之。"①景德镇御窑成化朝烧制的细白质地彩绘瓷闻名遐迩，自然为宫廷所青睐，基本能满足宫廷所需，闭关锁国的国内的瓷器市场特别是宫廷消费，遂被景德镇御窑厂所垄断，缺少官费支持的龙泉窑马上因课税太重、无外贸订货而式微了。"化治以后质粗色恶，难充雅玩矣"②的状况，与嘉靖时"粗陋微利"、"民甚病焉"的情况在时间上和情状上都是一致的，胡宗宪无非是了解到后写在了别一本省志上而已，当然，还配了一则很生动的传说故事。

说小故事讲大道理是春秋战国时期诸子百家论说的套路，这样既避免了说理的生硬，不易冒犯说服对象（对象往往是王公重臣），又使理论浅显易懂。嘉靖四十年《浙江通志》记载的章生一生二故事，使得"税重民穷"的观点故事化，避免了犯上直谏的唐突，故所说之事并**不是宋元旧事，而是明代本朝之事**，其"粹美冠绝当世"的青瓷，就是明代钦定的宫廷用瓷。

3. 同样被误读的《菽园杂记》

无独有偶，明弘治时期陆容写了一本《菽园杂记》，其卷十四记录了一则关于龙泉窑烧造瓷器的文献，文中评价龙泉刘

---

① 沈岳明：《枫洞岩窑址发掘的主要收获和初步认识》转引，《龙泉大窑枫洞岩窑址出土瓷器》中的论文，文物出版社，2009 年。

② 《乾隆龙泉县志》卷之三《赋役志》，秦大树、施文博：《龙泉窑记载与明初生产状况的若干问题》中转引。《龙泉大窑枫洞岩窑址出土瓷器》中的论文，文物出版社，2009 年。

田最好的产品是"绿豆色莹净无瑕"，而且"县官未尝见也"，与《浙江通志》对琉田窑青瓷评价相似。陆容在包括青瓷在内的五条文献之后说："已上五条，出《龙泉县志》"。对于优质青瓷，人们自然想到宋代，果然有南宋嘉定二年（1209 年）何澹编撰的《龙泉志》。此后，五条文献被当作研究南宋社会的史料而广为引用，2016 年笔者在写《青韵》一书时也是将此条文献当作南宋文献引用，完全误读了文献对龙泉青瓷评价的时代。《菽园杂记》"青瓷"原文如下：

> 青瓷初出于刘田，去县六十里。次则有金村窑，与刘田相去五里余。外则白雁、梧桐、安仁、安福、绿绕等处皆有之。然泥油精细，模范端巧，俱不如刘田。泥则取于窑之近地，其他处皆不及。油则取诸山中，蓄木叶烧炼成灰，并白石末澄取细者，合而为油。大率取泥贵细，合油贵精。匠作先以钧运成器，或模范成形。候泥干，则蘸油涂饰，用泥筒盛之。置诸窑内，端正排定，以柴篆日夜烧变。候火色红焰无烟，即以泥封闭火门，火气绝而后启。凡绿豆色莹净无瑕者为上，生菜色者次之。然上等价

高，皆转货他处，县官未尝见也。[1]

陆容，字文量，号式斋，江苏太仓人。生于明英宗正统元年（1436 年），卒于明孝宗弘治七年（1494 年），身历正统、景泰、天顺、成化、弘治五朝。成化二年（1466 年）进士及第，初于工部观政，旋授南京吏部验封司主事。后任浙江布政司右参政，期间遍历郡县，究察民隐，振作士风。《菽园杂记》是其最重要的著作，被誉为“明代说部第一”，史料价值较高，是可信度极高的文献资料。

由于龙泉青瓷条文中没有明确的年代表示，读者很自然地与名声较大的宋瓷联系了起来。最近，同事蔡小辉先生从永乐朝《纂修志书凡例》、陶瓷工艺和制度、考古出土文物等方面进行考证，认为陆容“‘青瓷’条的内容应该是完整的抄录于明初版的《龙泉**县**志》，而非宋嘉定二年的《龙泉志》”[2]。文章指出：“明成祖于永乐十六年（1418 年）为了保证编纂质量和格式体例的统一，颁布了《纂修志书凡例》，自此明代府、县志书统一以《××府志》、《××县志》命名，因此‘陆容《菽园杂记》引录的《龙泉县志》书名正与明代志书书名的特点相合’”。都说**细节**决定成败，但细节很难发现，细节是为有准备的人而准备的，这有无“县”字一字之差，乾坤已定。

① 【明】陆容：《菽园杂记》，上海世纪出版股份有限公司、上海古籍出版社，2012 年。
② 蔡小辉：《陆容〈菽园杂记〉所引龙泉窑“青瓷”条内容的时代性辨析》，《文物天地》，2019 年。

.

此揭文献是一则完完全全讲龙泉陶瓷的文献，与《浙江通志》基调不同。先讲烧窑地点分布，然后是胎泥、釉料、制器、烧窑、品格、以及产品出路等，无一废字。是研究明代早期龙泉制瓷工艺和社会经济的宝贵资料。中国古代，以宫廷为代表的官方审美理念和质量要求始终是引领整个社会风尚的，南宋青瓷的标杆无疑是官窑。官窑的品格按《格古要论》说法是"色青……有蟹爪纹，紫口铁足"，这显然不符合布衣天子朱元璋的胃口，什么蟹爪纹、鸡爪纹，烧瓷嘛就好好烧，搞这么多片纹像个次品似的，都不想活啦！当然这潜台词是笔者想象的。按照官样烧，跟御窑厂一样要莹净无瑕。所以，无论是通志的"粹美"，还是"绿豆色莹净无瑕"，所反映的都是明代早期符合官方要求的无纹粹美青瓷，"县官未尝见也"也是当时优质青瓷被宫廷直接垄断的写照。所谓"县官未尝见也"，那就是宫廷直接派官督陶并起运回京的，谁有能力可以绕过县官呢，当然是更高级的京官。这与汝窑"唯供御拣退后方许出卖"的情况相似。县官未尝见的事情更容易激发人的想象，陆容转引时是不会想到的，后来者先入为主地往宋代拉扯，怪不得古人。

两条被误读的文献，再次反映了"以为不知姓名，必宋人

所作"①的心理，面对优秀的古代物质遗产，早已失去了小心
求证的耐心，都添加到宋代文明的华锦之上，误读文献已是不
可避免。

4. 文学哥窑之始

考古迹象表明，大窑（琉田）地区烧制粹美瓷器的不止
枫洞岩一处，"章生一生二兄弟"或是其中的一家，那么生一
是否附带烧制开片瓷器呢？首先当时审美风尚不允许，皇家
标杆摆在那里。其次，不论是宋代还是明代，至少应该在器
物上看到一些铭刻。东周秦代就有"物勒工名"了，目的是
为了追责；汉唐时期的铭款往往表示物品的归属；宋代的铭
款则是商品广告。如景德镇窑青白瓷常有"许家盒子记"、"段
家合子记"等；福建德化青白瓷有"颐草堂先生雕造功夫"
铭刻②。明代景德镇更是每朝都书自家皇帝的年号，枫洞岩出
土瓷片也有不少铭刻，龙泉青瓷博物馆的杨冠富先生在《龙
泉哥窑》一文中披露了一件"章氏"款的印模③，与章氏烧窑
有关，出土于大窑枫洞岩窑址，印面的花纹是明早期龙泉青
瓷大盘内底常见的球锦纹，无疑是明代章姓窑主或工匠的用
具。**上文在讨论《格古要论》时没有发现章氏和章氏兄弟的**

①　【明】郎瑛：《七修类稿》附录，上海书店出版社，2015 年。

②　《中国陶瓷史》第六章宋、辽、金的陶瓷，文物出版社，1982 年。

③　杨冠富：《龙泉哥窑》，《龙泉人文杂志》，2011 年 3 期。

蛛丝马迹，而永宣时期一下出现了这么多相关迹象，足以说明章窑和《浙江通志》章氏兄弟传说故事的发生时间应该在明早期永宣时期的龙泉地区。

章生一生二故事就是一个生产瓷器地方特有的故事，是用来解释课税太重害民的道理，并不是讲陶瓷生产或食货情况的人物。但是实实在在民间有章生一哥窑之传说，还有"章氏"窑具，这为以后故事的发展奠定了人物这个基础素材，所有据章生一生二故事演义的哥窑，都具有文学性，源之于《浙江通志》的这则故事。源头是故事，不论怎么发展，故事性是不会变的。以后不论是"妹窑"，还是"章生三"出现，都没有什么不合理的，小说故事是允许演义的，而且内容越丰满越好。

显而易见，《浙江通志》的章生一哥窑是文学哥窑，故事发生的时间大约在明永宣时期，故事记入史书并开始传播在明嘉靖时期。此哥窑确实是"以兄故也"，但如同其章生一名字一样不一定真实存在，如同汉赋中的"子虚、乌有先生"。故事描述的产品是"粹美冠绝当世"的无纹青瓷，或与"绿豆色莹净无瑕"、"县官未尝见也"的宫廷用瓷相似，与"绝类古官窑"的哥哥洞窑黑胎开片青瓷无关，与宋代也相去甚远。

文学哥窑是可以"想当然"地生发的，随便怎么拿捏都没有问题，但不能与陶瓷史上真实存在的《至正直记》哥哥洞窑、

《格古要论》哥窑混为一谈。文学归文学，历史归历史。遗憾的是长期以来竟用伪文献《续稿》中的南宋章氏哥窑来证明《浙江通志》中的"未详何时人"是南宋窑工；同样想当然地把县官未尝见的"莹净无瑕"龙泉青瓷当作宋代产品来说陶瓷历史。一是省志，一是县志，都是最可靠的历史文献，就这样被误读了。如此，怎能在哥窑问题上不迷离呢！

第三节 《遵生八笺》的哥窑

明朝社会最具戏剧性的当属万历时期，明神宗朱翊钧前期谨言慎行，为文官所操控。万历十五年之后却荒于政事，对政事装聋作哑，实在事关重大才出来发表一下意见。大明皇帝怠政，皇朝遂开始衰败。这样的朝政，必然对整个社会的管制变得比较松散，经济、文化和社会生活束缚少了，与衰败的政治形成鲜明对照的是更繁荣了，各种笔记小说、白话小说以万历以后最多，当然文献作伪也最多，鱼目混珠，不可不细辨也。

《遵生八笺》是明代万历早期高濂所著。高濂，字深甫，别号瑞南道人，浙江钱塘（今杭州）人。生卒年不详。著名戏曲家屠隆称其"家世藏书，博学宏通，鉴裁玄朗"。屠隆卒于万历三十三年（1605 年）。《遵生八笺》出版说明讲高濂生卒年不详，万历初年在世，所以高濂创作此书应在万历早期。高濂"少婴羸疾，复苦瞆眼"，故"癖喜谈医"，多方寻觅奇方秘药，辅以养生之功。及后，羸疾复壮，**瞆眼复明**，喜而发其所藏，及平日博览之书，参以己意，编撰成《遵生八笺》。八笺，即养生的八个方面，分别是"清修妙论笺（上、下）"、"四时调摄笺（春、夏、秋、冬）"、"起居安乐笺（上、下）"、"延年却病笺（上、下）"、"燕闲清赏笺（上、中、下）"、"饮馔服食笺（上、中、下）"、"灵秘丹药笺（上、下）"、"尘外遐举笺（一卷）"。其中论陶瓷鉴赏的在"燕闲清赏笺（上）"，写作的目的与曹昭不同，是为了"虞燕闲之溺邪僻，叙清赏，端其身心"，纯粹是养身心，没有功利目的的。论述如有舛误，纯属见识问题，并无误人之心。陶瓷有"论官哥窑器、论定窑、论诸品窑器、论饶器新窑古窑"四个章节，所论官哥，绝对是历史上最牛逼的，文字之多，所论之详，还参以收藏实物对比，无人能及。摘录如下：

　　高子曰：……官窑品格，大率与哥窑相同。色取粉青为上，淡白次之，油灰色，色之下也。纹取冰裂，鳝血为上，梅花片墨纹次之，细碎纹，纹之下也。论制，如商庚鼎、纯素鼎、葱管空足冲耳乳炉、商贯耳弓壶、大兽面花纹周贯耳壶、汉耳环壶、父己尊、祖丁尊，皆法古图式进呈物也。俗人凡见两耳壶式，不论式之美恶，咸指曰："茄袋瓶也"。孰知有等短矮肥腹无矩度者，似亦俗恶。若上五制，与觥姬壶样，深得古人铜铸体式，当为官窑第一妙品，岂可概以茄袋言之？又如葱管脚鼎炉、环耳汝炉、小竹节云板脚炉、冲耳牛奶足小炉、戟耳彝炉、盘口束腰桶肚大瓶、子一觚、立戈觚、周之小环觚、素觚、纸槌瓶、胆瓶、双耳匙箸瓶、笔筒、笔格、元葵笔洗、桶样大洗、瓮肚盂钵、二种水中丞、二色双桃水注、立瓜卧瓜卧茄水注、扁浅磬口橐盘、方印色池、四入角委角印色池、有纹图书戟耳彝炉、小方蓍草瓶、小制汉壶、竹节段壁瓶、凡此皆官窑之上乘品也。桶炉、六棱瓶、盘口纸槌瓶、大蓍草瓶、鼓炉、菱花壁瓶、多嘴花罐、肥腹汉壶、大碗、中碗、茶盏、茶托、茶洗、提包茶壶、六棱酒壶、瓜壶、莲子壶、方圆八角酒觅、酒杯、各制劝杯、大小圆碟、河西碟、荷叶盘浅碟、桶子箍碟、绦环小池、中大酒海、方圆花盆、菖蒲盆、底龟背绦环六角长盆、观音弥勒洞宾神像、鸡头罐、楂斗、圆砚、箸搠、二色文篆隶书象棋子、齐箸小碟、蝤虎镇纸，凡此皆**二窑**之中乘品也。又若大双耳高瓶、径尺大盘、夹底骰盆、大撞梅花瓣春胜合、棋子罐、大扁兽耳彝敦、鸟食罐、编笼小花瓶、大小瓶口药坛、眼药各制小罐、肥皂罐、中果盒子、蟋蟀盆、内中事伴、佛前供水碗、束腰六脚小架、各色酒案盘碟，凡此皆**二窑**之下乘品也。要知古人用意，无所不到，此余概论如是。其**二窑**烧造种种，未易悉举，例此可见。所谓官窑，烧于宋修内司中，为官家造也。窑在杭之凤凰山下，其土紫，故足色如铁，时云紫口铁足。紫口，乃器口上仰，汹水流下，比周身较浅，故口微露紫痕，此何足贵？惟尚铁足，以他处之土咸不及此。哥窑烧于私家，取土俱在此地。官窑质之隐纹如蟹爪，哥窑质之隐纹如鱼子，但汁料不如官料佳耳。**二窑**烧出器皿，时有窑变，状类蝴蝶禽鱼麟豹等象，布于本色汹外，变色或黄黑，或红绿，形肖可爱。是皆火之文明幻化，否则理不可晓，似更难得。后有董窑、乌泥窑，俱法官窑，质粗不润，而汹水燥暴，溷入哥窑，今亦传世。后若元末新烧，宛不及此。近年诸窑美者，亦有可取，惟紫骨与粉青色，不相似耳。若今新烧者，去诸窑甚远。亦有粉青色者，干燥无华，即光润者，变为绿色，且索大价愚人。更有一种复烧，取旧官哥瓷器，如炉欠足耳，瓶损口棱者，以旧补旧，加以汹药，裹以泥合，入窑一火烧成，如旧制无异。但补处色浑而本质干燥，不甚精采，得此更胜新烧。奈何**二窑**如葱脚鼎炉，在海内仅存一二，乳炉、花觚存计十数，彝炉或以百计，四品为鉴家至宝。无怪价之忘值，日就增重，后此又不知凋谢如何。故余每得一睹，心目爽朗，神魂为之飞动，顿令腹饱。岂果耽玩痼癖使然？更伤后人闻有是名，而不得见是物也，慨夫！①

文字很多，录得很辛苦，不是复制粘贴的，是一字一句录入的。之所以全文录入，是因为此则文献在《中国陶瓷史》中只有三行字，引用也仅二句半，认为文献不知何所本，不太被重视。加上文献的文字多，诸多古器物名称也足以把人给绕晕了，故此后论者很少全面研读、讨论该文献。其实此揭文献内容非常丰富，唯有全文照录，释读起来才便捷，才能看清**每一层的意义**，才能看清细微之处，读懂整篇文章。而且，录一遍等于又逐字逐句地读了一遍，又会有新的体会。

1. 官哥不分的始作俑者

此揭文献虽是书斋考古，非常忠实于高濂自己所见所闻所藏。而书斋考古的局限性也常为后人所诟病。如开论官哥，一

---

① 【明】高濂：《遵生八笺》，巴蜀书社，1988 年。

上来就把人们引入了官哥不分的路数中，起头就是"官窑品格，大率与哥窑相同"。不过高濂不是故意的，实在是分不清，因为"取土俱在此地"。土质的一致性，导致了特征的相似性，紫口铁足，开片等。难能可贵的是他对"紫口铁足"特征成因的解释，非常到位，并指出紫口是工艺上的瑕疵，认为"此何足贵"；铁足是官哥优于他窑的地方。高濂眼中的官哥之别是开片之别，官窑"隐纹如蟹爪"；哥窑"隐纹如鱼子"。笔者理解高濂的意思是官窑片纹细，哥窑片纹粗。另一个区别是"（哥窑）汁料不如官料佳耳"。这两点常被后人挂在嘴边，作为官哥器的攻略手段，但在实际操作上很难把控，需要实践经验的积累。

具体到实战，高濂"论制"更不能区分官哥了。除第一妙品都是"法古图式进呈物"，被确定是官窑，其他上中下三品都是官哥混论，甚至有龙泉窑青瓷、景德镇仿官哥器混入之嫌。如上品中的"小竹节云板脚炉"疑为龙泉窑产品；"方印色池、四入角委角印色池"景德镇窑仿官哥产品更多见。中品"多嘴花罐"、各式壶、各式人像等也不像是官哥产品。这些当然是笔者的推测，是依据高濂器物名称做出的判断，但文字描述的准确与否，笔者所见所闻积累做出推断是否准确，都未可知，但其中有误判是可以肯定的。

高濂所说的哥窑，应该是哥哥窑的省称。高濂是没有入仕的燕闲文人，官方志书《浙江通志》他应该是读不到的，"兄曰哥窑"对他没有丝毫影响，他和曹昭一样不明白哥哥的本意是什么，但也绝不会与文学哥窑混为一谈，只不过觉得按照古代行文的惯例省称是完全可以的。在"文献混战"尚未开始之时，可以清晰地看出孔齐的哥哥洞窑和哥哥窑，与曹昭的哥窑，以及高濂的哥窑说的是同一个窑，特征也基本一致：色青浓淡不一，紫口铁足，类官。此后，由于仿哥瓷器太多了，哥窑认知也就混乱了。

高濂说官哥取土在同一处则是前无古人的说法，在杭州老虎洞窑址没有发掘前常被人质疑何所本，后来竟然与老虎洞窑址考古发掘出来的事实完全合拍，不愧是燕闲杭州的文人。不过高濂也有困惑，一为"宋修内司中"官家造也，即修内司所辖内窑。一为烧于私家，即民窑，时间上是并列的还是顺延的，高濂没有说清楚，从他将官哥相提并论的角度看，似为倾向于宋哥。但作为饱学博识的明代文人，他深知"官家"与"私家"不可能同时共用土矿烧瓷的道理，故下笔迟疑，避谈年代。**论述中常用"二窑"一词，俨然是官哥同代，加上年代表述的含糊，官哥不分也由此始也。后来的人读此文献，想当然的认为高濂在说宋哥，把哥窑当作宋代瓷窑理解，写入笔记文献中，以至于越传越讹。**如明万历二十五年王士性《广志绎》论述官哥二窑的内容明显来自高濂《遵生八笺》，但把高濂的"宋官"

理解成"宋官哥二窑"了,"官哥二窑,宋时烧之凤凰山下,紫口铁足……"①所以,高濂的模棱两可的官哥论,在他成书的万历时期就造成了误读。明人读书如此鲁莽,这是高濂始料不及的。

2. 哥窑法古

高濂论官哥的第二个重点是指出了二窑都有法古的特点,这是以往格古文人所没有意识到的,为高氏先他人之明见。高濂说:"论制……**皆法古图式**进呈物也……深得古人铜铸体式"。官哥之不易区分,不仅在于胎釉原料相同,制式也有相似之处,都是仿制古代青铜器的。并据仿古的程度,将所见器物分为四等,第一妙品均为仿古青铜彝器的官窑,也是此节论述中唯一官哥有别的品级,妙品中没有一件是哥窑的,说明哥窑制瓷技艺相差官窑一等。妙品中的器物名,除"祖丁尊"外都能在《宣和博古图》中查到,说明官窑法古是有蓝本的。上中下三品不分官哥,所列器物也不可全以为是,其文字占到此揭文献一半多,后面还意犹未尽地说:"其二窑烧造种种,未易悉举,例此可见"。见识之广令人叹服。

高濂论官哥法古所列举的器物之多,令后来大多没有实践经验的文人们头晕眼花,清早期谷应泰《博物要览》载录了

---

① 【明】王士性:《广志绎》。

大段的高濂论官哥，但法古文字只字不录，慢慢地官哥重要特征——法古渐被人们遗忘了。

法古，是官哥窑最重要的议题，高濂在明万历年间已揭诸于世，着实不易，这与他生活在杭州不无关系。遗憾的是他不能完全区分官哥瓷器，也就无法认识官窑和哥窑的法古有什么不同。当开片的关注度超过制式法古的欣赏，这重要的特征也渐为迷雾所淹没，无人再关注了。

3. 片纹美学的产生

与高濂论法古的境遇相反，论开片的文字不多，前后共四十个字（按古文去标点算），对后世的影响却很大，开片从此成为哥窑瓷器审美和鉴定特征。

高濂之前的文人对开片的描述仅仅是鸡爪纹和蟹爪纹，两者没什么区别，只是描述人生活环境不同造成的用语各异而已。万历初年去元末已二百多年，离明仁宗"复陶"也已 150年，距哥窑踵武的宋官窑更是三四百年了，时间的年轮足以使片纹积垢，入过土的话，土沁也会发生变化。明显地收藏家的高濂各种变化都看见过了，但没有讲明白其中的道理，如实的将这种变化记录了下来，品评为三等：冰裂鳝血为上（下图左），貌似与后来的金丝相似；梅花片墨纹次之（下图中），与后来的铁线相类；细碎纹最差（下图右）。

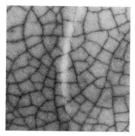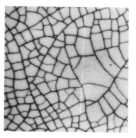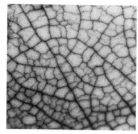

　　这里的片纹分三等，是官哥同论的，也就是官窑和哥窑都有此三种片纹，拿出来品评，是明代文人学古人品评书画雅事的陶瓷版。此后，片纹就成了陶瓷审美对象，具有美学意义。片纹也成为认识哥窑瓷器的重点，讨论哥窑开始走偏，**将缺陷当美学，把现象当作本质，是为哥窑特有之现象**。

　　文中没有论及鳝血与墨纹交织的情况，也就是所谓的"金丝铁线"，说明此时入土复出的哥窑和人为染色片纹的情况尚未出现，这比较符合环境对开片纹路侵染的自然变化状态、没有过度的人为干预的实情。其实片纹里有颜色就是有脏东西，如同人的指甲缝，用手玩什么颜色的泥巴，指甲缝中就会残留什么颜色的积垢，所以情况变故很多。如果已经有带颜色的片纹了，入土以后再出土，也会产生双色片纹，或者加深片纹的颜色。如长兴出土的贯耳瓶和乳足炉，就有红土造成的鳝血纹和积垢的墨纹交织的状况。官窑类汝窑，纹片特点是隐纹如蟹爪，但在特殊地层环境里也会形成血色和黑色的片纹。2016

年故宫汝瓷展，有一件修复的、带"乙"字款的圆洗（如图左），釉色浅淡，片纹细碎，纹路深黑（好像不止一件），与大多数汝窑不同。如果用语言来描述，完全符合"浅白断纹，号百圾碎"的特征，更像传说中的宋哥窑。2015年可移动文物普查时，温州洞头县上报的材料中有一件名称为"宋青白釉百裂纹芒口瓷碗"（如图右，又创造了一个词语"百裂纹"），造型为口外翻的斗笠式，釉色偏白，开细碎的黑色片纹。同时上报的、同出的一件青白釉碗，与这件开片纹的碗形、釉色完全一致，就是一点片纹都没有。若以明人品评的片纹美观之，此碗是否也可以目之为哥窑？笔者举此两例是要说明片纹现象并非哥窑专属，元代以前任何瓷窑都可能发生，当作审美对象加以品评也未尚不可，不可沉溺于此。

汝窑"乙"铭圆洗　　　　　　　宋青白釉百裂纹芒口瓷碗

片纹是先天（窑火）造成的，片纹的发展和纹路的颜色则是后天形成的。玩家沉溺于此，将心得付诸书卷，增加了玩赏古瓷的乐趣，也促使了陶者和商家人为干预片纹颜色，客观上推动了以片纹为美的瓷种的发展，如此，**哥窑就完全脱离了类官的本源，形成一种以片纹美学为主旨的观赏瓷品种**。

4.《续稿》"二窑"之出处

在释读高濂的官哥窑论时，"二窑"两字出现的频率很高，共有五处，笔者以粗体字标示。这让人想起了《七修续稿》莫名其妙的"二窑"标题，细读其内容，无不有《遵生八笺》的身影。"二窑"曰"其色皆青，浓淡不一"出语和《格古要论》相似，和高濂的"色取粉青为上，淡白次之，油灰色，色之下也"也意思相同。"二窑"只论铁足不谈紫口，也是受高濂"铁足，以他处之土咸不及此"的影响。**高濂二窑指的是官哥二窑，《续稿》二窑说的是哥窑和龙泉窑，龙泉窑又叫章窑**。

"章窑"最早就出现在《遵生八笺》中，且所论甚详。其"论诸品窑"条目下有小字"龙泉窑　章窑　古磁　吉州窑　建窑　均州窑　大食窑　玻璃窑"。内容曰："古宋龙泉窑器，土细质薄，色甚葱翠，妙者与官窑争艳，但少纹片紫口铁足耳……今则上品仅有葱色，余尽油青色矣。制亦愈下。有等用白土造器，外涂泓水（疑为泑水之误）翠浅影露白痕，此较龙泉制度，更觉细巧精致，谓之章窑。因姓得名者也"[①]。高濂认

---

① 【明】高濂:《遵生八笺》，巴蜀书社，1988 年。

为古宋龙泉窑"妙者与官窑争艳",但区别在龙泉窑"制不法古",以前釉色有"有粉青、有深青、有淡青之别"。下一句"今则上品仅葱色"很重要,时间从古宋、在昔,回到了"今",今日除葱色、油青以外,还有用**白土制器**,**釉水翠浅**影露白痕的,比龙泉还要细巧精致,叫章窑,因为窑户姓章之故。《续稿》"龙泉窑至今温处人称为章窑"应该来源于此。

从文意看,龙泉窑从古宋一直烧到明代嘉万时期,产品质量越来越差。今时(龙泉县)有一款白胎翠浅釉的章窑青瓷超过了龙泉传统窑户,虽没有明确说在龙泉县,这种对比方法和论述次序,足以说明章窑应该在龙泉县境内,或相邻的庆元、丽水。其次是明确地说章窑是"今",这里的"今"可以上推,但不会超过明代,否则"昔"就太远了。如此,《遵生八笺》的章窑就和《浙江通志》的章生一生二在时间和地点上就比较接近了。

《遵生八笺》中的"二窑"和"章窑"不同论述,也再次证明《续稿》"二窑"条非郎瑛所为,是后人以高濂"论官哥窑器"为蓝本,参以《格古要论》、《浙江通志》部分内容攒合而成的。

5. 哥窑的误认和仿制

《遵生八笺》论官哥窑中非常重要的是后面论述哥窑被误认和仿制的情况,也是其他文献所不及的,是他作为古瓷收藏者的独特体验。他说有五种情况:一是仿官窑有董窑、乌泥窑

（《坦斋笔衡》也与此观点相似），因质粗釉燥，被误认为哥窑。虽然高濂揭示了这种误认，**但将涵入哥窑的仿官窑当作宋哥窑追寻，从此就没有停歇过**；二是元末新烧的哥窑，不及他所认定的哥窑（旧哥窑）；三是"近年诸窑美者"，诸窑大概有景德镇窑（包含官窑和民窑）、吉州窑、漳州窑、宜兴窑等，这些窑的仿哥产品，高濂说还不错的，但紫骨和粉青与哥窑不相似；四是"今新烧"，高濂没有说是哪里烧的，但新烧的质量远不及近年诸窑的仿哥青瓷；五是复烧，就是拿旧的、有残损的官哥器，修复上釉，无损部分用泥包住，入窑重新烧一下，即成完整的官哥器。但修补处"色浑"，可以辨认出来。这种复烧器比新烧的档次高，毕竟是旧货，级别当然高了。

高濂这段论述非常精彩，就是放到现在也很有现实意义，所谓"传世哥窑"的复杂情况大多被涵盖在内。虽然高濂早早地预示仿制官哥窑的复杂性，但是清代人们还是迷失在这复杂性之中。现在可以通过考古发掘将混在哥窑中的诸窑仿品比对出来了，但明代万历时期高濂在书斋中就把情况说得如此清楚，实在是难能可贵的。高濂不是古董商，而是生活在杭州的收藏家，所以有见识。

从以上梳理可以看出高濂的《遵生八笺》非常重要，读明白了就读懂了官哥窑；读不明白，就会迷离；误读的话，就会把高濂当作不负责任的明代文人。

　　明万历时期，对于哥窑问题具有里程碑意义，此时，诞生了二部有精彩格古内容的书籍《遵生八笺》和《弇州四部稿》。《遵生八笺》的"燕闲清赏笺"中的官哥窑论试图正本清源，除了没有明确哥窑出现的时代，其他如哥窑表面特征、品种、仿哥窑等都说得非常到位，是陶瓷史哥窑集大成者。王世贞《弇州四部稿》的"宛委余编"则制造了一个"宋哥窑"陷阱，将《浙江通志》章生一哥窑传说故事坐实为宋代处州章氏哥窑，编入了他的"陶瓷经"中，以王世贞名气之大，他的"宋哥窑"随即被众多仰慕他的"王世贞粉"们明里暗里争相传抄，并被别有用心之人改编后移花接木进了陆深的《春风堂随笔》中，名人效应足以影响本来对哥窑就有神秘感的人们，宋处州哥窑遂成为"吃瓜群众"的哥窑答案。而高濂的官哥二窑论曲高和寡，渐为"宋处州章生一哥窑"的声浪所淹没，哥窑从此迷离。**哥窑之所以迷离，就是因为王世贞把文学哥窑和陶瓷史上真实存在的哥窑搅和在一起了，弄得"剪不断，理还乱"。**

　　清代大多数论者都掉进了王世贞的"宋哥窑"陷阱中，其宋处州章氏哥窑在清代大行其道，做大了哥窑迷局。

第四节　清代哥窑迷离

　　如果说《格古要论》的迷离体现在不知道哥窑出哪里,《浙江通志》的迷离是被迷离,《遵生八笺》的迷离表现为官哥不分,那么,清代特别是乾隆以后就彻底迷离了,宋章生一哥窑故事主导了人们的认识,好比《三国演义》之于《三国志》,现在多数人对三国历史的了解全来自于《三国演义》,殊不知许多高大上的故事全都是演义出来的,并非历史真相,但故事的生动性足以使人们忘掉记录真实历史的《三国志》。

　　清早期的康熙、雍正、乾隆三位皇帝,文治武功,勤于政事之余,都非常喜欢瓷器,都有过问御窑厂瓷器生产的记录。特别是仿制前朝名瓷,尤为重视,到雍正末年宋元名瓷基本仿制完毕。景德镇御窑厂督陶官唐英于雍正十三年写就的《陶成纪事碑记》,记载了其仿古、采今陶瓷共有五十七种之多,其中就有哥窑,而且只有官、哥窑以"铁骨"名之,与"铜骨"的汝瓷有质的区别:

一仿铁骨大观釉，有月白、粉青、大绿等三种，俱仿内发宋器色泽。

一仿铁骨哥釉，有米色、粉青二种，俱仿内旧器色泽。[①]

铁骨就是黑胎，所谓色黑如铁即是。大观指宋代，北宋徽宗有大观年号。这里的釉色很有意思，粉青是一样的，之所以一样，是因为技术改进了。曾见"杭州土火斋古陶瓷博物馆"有一件乾隆粉青仿官窑贯耳瓶，足部缺损一块，黑灰色胎骨，外涂白色护胎泥，然后再上厚釉，这样，铁足依然，釉色却不会受胎土颜色的影响，均匀一致，且釉色想要青一点就青一点，白一点就白一点，非常容易控制。当然，护胎泥使得釉色均匀，也失去了官窑"色青带粉红"的特征。淡色显示了它们各自的特色，反映了清代御窑厂不受民间官哥理念的影响，以内廷藏品为标准。淡色的官窑是月白，给人以润洁之感；哥窑是米色，让人想象到燥而泛黄的色泽，这跟我们现在鉴别淡色官哥瓷的认识颇为相似。

文献对内廷样品的用词非常精到，一是"发宋器"。清嘉庆《景德镇陶录》卷二对此称呼有解释"宋器，仿于明，即景

---

① 江建新：《唐英〈陶成纪事碑记〉及其出土残碑遗文校释》，2013 年网文，作者供职于景德镇陶瓷考古研究所。

德后之镇窑。曾经内府发器样，故又呼发宋器"①。另一是"旧器"，跟高濂一样谨慎，知道是旧的，**具体时代不明**，故以"旧器"名之，不属于"发宋器"。官窑的大绿不知是指哪种釉色，只见过高濂如此说过，"若今新烧，去诸窑甚远，亦有粉青色者，干燥而无华，即光润者变为绿色，且索大价愚人"。莫非是明代仿品？从碑文的称呼看，至少在雍正以前，御窑厂对哥窑是否宋器是心存疑窦的，虽然他们也搞不清哥窑出于何时何地，内府也尚无文献记载哥窑为宋器，器物进宫时最多可能称为"旧哥窑"，谨慎地呼之"旧器"总不会错的。

文献的作者唐英，陶冶千古奇人，字俊公，沈阳人，隶属汉军正白旗。官内务府员外郎，值养心殿。雍正六年（1728年），以内务府员外郎头衔驻景德镇御窑厂署，佐理陶务（其时总理陶务为年希尧）。初到景德镇，他"杜门谢交游，萃精会神，苦心戮力，与工匠共食息三年……"。雍正七年，派厂署幕友吴尧圃调查钧窑釉料配制法，并在当年仿制成功。雍正十三年，作《陶成记事》，并刻于碑。乾隆初，调九江关，二年，总理陶务。期间创烧出夹层玲珑交泰瓶、万年甲子笔筒等惊世名作。乾隆二十一年退休，并于当年去世。唐英对陶瓷的理解是很深刻的，总理陶务期间，从他给乾隆皇帝的奏折可以看出，他对

---

① 【清】蓝浦原著、郑廷桂补辑：《景德镇陶录》，黄宾虹、邓实主编《美术丛书》，江苏古籍出版社，1986年。

陶务任何细节都会提出具体意见，以他的知识和阅历没有将哥窑说成宋器，一定有其道理的。

乾隆皇帝是章生一生二文学哥窑最大的拥趸者和身体力行者，即使仿制哥窑也要愈旧愈好。由于有了雍正年间的仿哥窑经验，乾隆多次降旨唐英仿哥窑，十年“二月初七日，旨令唐英按奓斗木样哥窑瓷瓶一件，**仿旧做不要款，如仿得旧更好**”。不知道乾隆皇帝想去蒙谁。十一年“……並仿哥窑象棋等件持进，交太监胡世傑呈览”① 等。乾隆帝还喜欢在他认为是哥窑的器物上题诗，既体现了皇帝的文学才华，又为文学哥窑添砖加瓦。从韩倩《清宫视野下的哥窑》② 一文披露的 21 首乾隆御题哥窑诗看，乾隆帝读过励守谦编修家藏本《春风堂随笔》，并受其影响较大。乾隆乙未（乾隆四十年）年的葵口盘的御题诗明确地说“春风堂不观随笔，那识哥窑所得名”。下面自注(《春风堂随笔》载……)。也许是受该文献“浅白断纹”影响太深，乾隆甚至将开片的青白釉瓷枕当作类董窑的哥哥窑了，《咏哥窑瓷枕》:“瓷枕出何代，哥哥类董窑”。理论错了，实践也不会正确。诗中乾隆称哥窑为“哥哥”，并不是他了解哥窑本义了，但是知道有哥哥窑之说，为了字数和韵律用了“哥哥”一

① 耿宝昌:《明清瓷器鉴定》转引，紫禁城出版社，1993 年。

② 韩倩:《清宫视野下的哥窑》,《哥瓷雅集——故宫博物院珍藏及出土哥窑瓷器荟萃》论文，故宫出版社，2017 年。

词。清代也有称"哥哥窑"的，只是用了另一个谐音字"歌"。清顺治《龙泉县志》有"世人称其兄之器曰歌歌窑"之言，非常有意思，虽然说的是龙泉哥窑事，但用了谐音的"歌歌窑"的叫法，反映了清代志书的编修官也认同哥哥窑是民间口语的记录。

从哥窑御制诗看，乾隆对哥窑的认识有点庞杂：一是受《春风堂随笔》的影响，比较偏爱"浅白断纹"哥窑。但喻粉青为"螺青"实在是独到而精准，这是见过南方淡水螺蛳的独特体验，看来乾隆七下江南没有白游。二是哥窑在处州，"处郡章家弟与兄"、"处州生一陶"，是处州章氏哥窑的拥趸者。三是已没有了雍正朝的谨慎，以皇帝的名义坐实了哥窑是宋代，"依然出宋代"、"陶也器贻赵宋家"、"宋器无多巧"、"窑则代传宋"、"遥以宋窑芎二生"都说得是这个意思。显现了风雅皇帝对文学哥窑更有兴趣，老是不知出何处多没意思啊！四是在"铁足独称珍"的基础上提出了六钉特征，"铁钉足峙六"、"丁星承六钉"都说得是用含铁量较高的泥土做支烧窑具留下的痕迹，这种窑具只有六钉的。五是明白片纹是缺陷，因为历时久远而贵重。"嗟彼古时次品，今为珍玩晨星"；"考工不入市之器，岁久兹为席上珍"。同时也明白"纹虽百圾破，器历数朝坚"，"百圾虽纷抚则平"，碎而不破，历久仍坚。六是点出了哥窑器形"大多炉与瓶"的特点，以可充雅玩的陈设瓷为主。七是知道明代宣德成化两朝仿制哥窑很不错，"宣成后精巧"、"那识精工宣与成"、"宣成近代制犹精"等，说明乾隆对前朝的御窑仿制品非常了解，鉴赏过清宫收藏的宣德、成化款的仿哥窑瓷器。对于封建集权国家来说，皇帝圣旨口不是随便可以驳斥的，况且其知识面还很广，五至七点的认识直到今天看来还是正确的。遗憾的是乾隆皇帝认识很多，没有总结性定论，也没有深究一下问题的成因，除了知道乾隆皇帝读书多，见识广之外，并没有任何收获。有权威的个人嗜好对后世影响很大，乾隆帝偏爱处州章氏宋哥窑说，使得章生一生二的处州宋哥窑成为乾隆以后主流声音，故事好听啊！人们宁愿迷离在故事之中。

仿制，对于工匠们来说，不是为了蒙人，蒙人是奸商们的活儿，工匠仿制的目的是为了学习古人的制瓷技艺（当然也有好卖的成分在里面），宋代以来名窑名瓷都是一个时代的杰出代表，仿制它们遂成为景德镇制瓷业的重要组成部分，哥窑也不例外，成为主要的仿制对象。清代景德镇御窑厂仿哥窑主要在雍正乾隆两朝，从摹仿效果来说，雍正时期仿哥釉色偏青，乾隆时期仿哥釉色偏白、偏米黄。这也许是唐英和乾隆对哥窑的认识不同造成的。此时虽然御窑厂仍掌握制瓷的最好原料和核心技术，但民间也不乏与之抗衡的窑户，其中的头牌官古户和假官古户生产的瓷器，质优如厂官器，常被御窑厂征购，用

以完成每年秋冬两季大运瓷器解京的任务。由于官民窑交流频
繁，受御窑厂的影响，民窑的仿哥釉色也大致如此。从哥瓷家
族来说，清代流行哥地青花瓷、哥地铁花瓷、哥地五彩瓷等。
哥地青花瓷不用解释了，哥地铁花瓷有两种装饰手法，一种是
铁胎高与釉面平，素胎刻划纹饰，不上釉（如图）；另一种是
用铁泥（铁含量高的瓷土）堆塑花纹，也不上釉，形成露胎的
铁色花纹装饰，与哥釉相映成趣，多见于民窑。哥地五彩瓷盛
行于康熙，晚清民国民窑非常流行，并且五彩和粉彩混用，画
面题材往往是戏曲人物故事，意在表现古意。这种混搭的仿古
瓷一直烧到 20 世纪 80 年代。

雍正仿哥窑（私人藏品）　乾隆仿哥窑（私人收藏）　雍正铁花装饰 采自《哥瓷雅集》

　　现在我们对这些清代仿古瓷觉得很容易辨认，但晚清民国
时那些仿得好的文房小件是很蒙人的，宋的，明的？（没有人
会说元代）官仿，民仿？这些疑惑常常困扰古董商和收藏者。

清代的陶瓷文献体现了专著的特点，最重要当属乾隆时期佚名《南窑笔记》、朱琰的《陶说》和嘉庆蓝浦著，郑廷桂补辑的《景德镇陶录》。三部文献中《陶说》和《景德镇陶录》都"述而不作，信而好古"，辑录前人宋处州章生一哥窑之说。只有《南窑笔记》对哥窑的见解独到。

哥窑

即名章窑，出杭州大观之后。章姓兄弟处州人也，业陶，窃做于修内司，故釉色彷佛观窑，纹片粗硬，隐以墨漆，独成一宗。釉色亦肥厚，有粉青、月白色、淡牙色数种。又有深米色者为弟窑，不甚珍贵。间有溪南窑、商山窑，仿佛花边俱露本骨，亦好。今之做哥窑者，用女儿岭釉，加槠子石末，间有可观铁骨，则加以粗料，配其黑色。①

由于是佚名著作，无法知其人，也不知道何所本。但文献所反映的情况与现在考古发现有许多相符之处，不由得对二百年前的无名氏点了个赞。哥窑即名章窑（章窑的又一说），与杭州老虎洞窑址出土的八思巴文窑具上有章（张）的姓氏款相

① 【清】佚名：《南窑笔记》，黄宾虹、邓实主编《美术丛书》，江苏古籍出版社，1986年。

符。窑具铭文比瓷器上的铭文更有意义，窑具是可以反复使用的，窑具上铭文说明其专属性，也就是肯定有姓张或章的窑工。当然，这并不能改变哥哥窑的名称，章氏不过是哥哥窑诸多工匠之一。窑具上不止一个章姓（此章姓还是根据读音推测的），还有其他八思巴文读音的姓氏，反映了合作开窑的状况，而"哥哥（这个）窑"对所在窑工的涵盖，更能为大家所接受。

　　大观，凤凰山南宋官窑的别称，此揭文献前有"观窑"条也是如此解释的。"出杭州大观后"就是杭州官窑之后，可能暗指元代。明清的文人似乎羞于说元朝，用"大观后"隐示元朝，与高濂不说元朝，只说哥窑烧于私家大致异曲同工。

　　处州人章姓兄弟是以陶为业的，先在修内司学制瓷，所以懂得官窑的制瓷技术。大观之后自己烧瓷，釉色与官窑很相似。这里没有明确说"窃做于修内司"之后在哪里制瓷，但可以根据"出杭州大观之后"语义推测在杭州烧瓷。片纹的描述也精准而与众不同，用"粗硬"二字，与南宋官窑的"隐纹如蟹爪"立马就泾渭分明了，也与高濂区分官哥片纹的理论颇为相似。釉色肥厚也是哥窑特点，与官窑厚釉薄胎相异。官窑形制优美，没有肥厚之感。哥窑厚釉厚胎，形制低矮，就有肥厚之感。文献中对弟窑的释读也很独特，说弟窑和哥窑一起烧同类产品，与《浙江通志》哥弟同烧"粹美冠绝当世"产品意思相同，应是谚语"兄弟同心，其利断金"思想的传承。但弟窑是深米色那种，不甚珍贵，与大多数文献说弟窑比哥窑好的说法截然不同。所谓"深米色"是否指米黄釉那种，那倒与曹昭"元末新烧""色亦不好"关联得上了，不过这里背锅的是弟窑。这种戏剧性的变化，着实容易让人迷惑。

清代哥窑迷离表现出宋处州章生一哥窑拥趸者队伍扩大的态势，好古天子乾隆皇帝的加入，进一步丰富了宋哥窑的文学性。皇权的助力推广，诱发了伪文献、仿哥窑泛滥，贻害至今尤甚。

此章节的《格古要论》和《遵生八笺》都是可信的明代文献，作者曹昭和高濂也都是实事求是的文人，知道的就写出来，不知道的就不说，留下了许多疑问，致使没有读懂的人对哥窑问题逐渐迷离了。《浙江通志》是一个寓言故事，不但被误读，还被王世贞编入他的"陶瓷史"误人。两相对比不难发现：可靠的文献都有一点语焉不详的地方，且枯燥难懂；而伪文献都说得"言之凿凿"，浅显生动，自然更易传播。如此一来，对哥窑认识的偏离也就在所难免了。

第五章　哥窑现象呈奇观

哥窑现象就是在寻觅、仿制哥窑的过程中发生的各种故事，是一种陶瓷文化现象，中国古陶瓷史上惟哥窑所特有。哥窑现象最直观、并为大众所知的是釉面开片，以缺陷为鉴赏对象，且品评分级，唯有哥窑；哥窑故事多，自然文献也多，众说纷纭，且鱼龙混杂；明代早期御窑厂率先摹仿民窑之哥窑，众窑跟风，成为时尚；以开片为美的哥釉成了一种陶瓷品种，以哥釉为地彩妆纹样，形成哥瓷一族；光阴荏苒，时至明代晚期，哥窑瓷器成为江南文人士大夫收藏的宠儿。这些文化奇观都是由一个小民窑引发的！

哥窑现象首先是把哥哥洞窑和哥哥窑整成了哥窑，单独的"哥"字想当然为兄长的意思，有兄就有弟，有兄弟就有名字，有人物就有事业，编完整了就是动听的故事，是故事就可以演义，演义多了故事就变成真事了。既然故事都变成真的了，故事里的东西自然也是真的了。关公勇敢但不够神，便演义出温酒斩华雄、过五关斩六将等神勇故事，堆塑出义气满满的战神。神要有神器的，宋代以后武人训练臂力的青龙偃月刀，穿越到三国，成了战神的神器，成了英雄的标识。哥窑也是如此，本来有姓章的窑工，用文字给他配上高大上的事迹，再给他伟大的发明——开片瓷器，开片瓷器就成了哥窑的标识。开片犹如西施心口痛，被东施们看到了以为美，便也纷纷效法。效法的人多了，便风姿各异，效果当然不同。旁观者闲着也是闲着，品头论足一番，也就有了众多的文献。凡此种种凑合形成古陶瓷奇观——哥窑现象。

第一节　哥窑现象之文献

　　由于历史原因，哥哥窑是一个不愿声张的民窑，所以当时记录的文字很少。至今为止的考古发掘，除"章（张）"字款，也没有发现过与哥窑有关的款识和文字。直到元末孔齐在《至正直记》明确记录了哥哥洞窑一只香鼎，也有特征描述。又由于哥窑有官窑的相貌，得到了明代文人士大夫的青睐，并被作为珍玩收藏。既然是珍玩，想低调都不可能了，引发文人纷纷格古，差不多的明代笔记小说都会说到哥窑，或片言只语，或长篇宏论，大多数都持曹昭《格古要论》和高濂《遵生八笺》观点，倒也本正源清。自从王世贞《弇州四部稿》"想当然"出宋哥窑，以及《春风堂随笔》被好事者植入宋龙泉章生一哥窑时，视听就开始混乱了，各种说法交织在一起，足以使人晕头转向。《南窑笔记》再一次翻转，将章氏兄弟换了一个说法，那就彻底迷失了。这众多文献纷说哥窑的现象，在古陶瓷史上是绝无仅有的。

虽然是众说哥窑，但记录哥窑的文献多为民间的笔记小说，明代唯一官方文献《浙江通志》记录的则是一个同名"哥窑"故事，这其实反映了官方对史料占有和使用上的专制和保守。古代史料以统治阶级的政治为主，有专门的官员负责记录和撰写，除皇帝和高级官员能看得到，一般的官员都不易见到，更别说未入仕的文人了。王世贞能看到《浙江通志》，同时期的富人高濂很可能从未见过。如果王世贞据实转载通志内容，也就没有哥窑之谜了。偏偏王世贞是个承继"想当然"传统的聪明文人，用想象将故事改编成了"史实"，写入了笔记小说中。当他煌煌一百七十四卷《弇州四部稿》（后有《续稿》二百七卷）刊行时，天下读不到史料的文人顿觉耳目一新，纷纷传抄也就不足为奇了。孔齐、曹昭、高濂都是读不到当代史书的民间文人，虽在书斋格古，也都是"真有所见"，并据实撰写。而他们所写的东西，一时也很难被大官僚们所见到，也就不会（也不可能）记入官方史书。因此，信息割裂导致了两种完全不同理论在文人中间流传，最后，必然是声音大的、背景厚的占领舆论制高点。

稍作梳理就会发现众多文献争论的焦点是：哥窑地点在杭州还是龙泉；时代是宋代还是元代等，可见探寻哥窑名称本原反而被淡忘了，那总结一下哥窑文献不同的看法，使乱麻变得条分缕析，不为各种现象所左右，也是十分必要了。

1. 时代

哥窑的民窑属性，决定了官方史书是不会记载它的。时代较早的一些论及哥窑的文献，从来没有明确过哥窑烧于何时，也就是说没有人总结过哥窑的历史。从散见的嘉靖以前的文人笔记小说里，字里行间透出的信息最多是元代。

由于客观条件的限制，对于晚明突然出现的诸多宋哥窑说，一时竟不知道谁是始作俑者，当真相都暴露的时候，才发现始作俑者王世贞宋哥窑所本的是"想当然"。"想当然"是中国古代文人引以为傲的"智慧"，往往大文豪用之，成一时之美谈。最先使用的是"建安七子"之一的孔融，以编造的"武王伐纣，以妲己赐周公"典故写信给曹操，批评其子曹丕强占甄氏，弄得学识丰富的曹操只好不耻请教，哪知孔融回答是"以今度之，想当然耳"。其后青出于蓝的是苏轼，因《刑赏忠厚之至论》中用"想当然"的典故打动考官而差一点高中榜首，误判为第二。事后，考官梅圣俞因所引为疑问之，苏轼缓慢地说："想当然耳，何必须要有出处？"其实这两则"想当然"事例是编故事说道理，就像《浙江通志》的章生一哥窑故事，而王世贞却是编"史实"说历史，性质完全不同，《宛委余编》中的论陶瓷，以《坦斋笔衡》论说陶瓷为底本，所穿插进去的观点，几乎全是自己想当然的"史实"，全无叙写史志文体的严肃性。无奈王世贞名气太大，他的宋章氏哥窑说竟被传抄得掩盖了真实的哥哥洞窑。

嘉靖四十年《浙江通志》的琉田章生一哥窑很另类，是相传的故事，连人物也是"未详何时人也"，本与类官窑的哥窑讨论无关，恰好故事中章生一烧的窑就叫哥窑，硬是被真真假假的文献扯进了类官窑的哥窑讨论中，戴上了宋代的帽子。

以上都是元明文献，也是各种说法的源头，把这些文献读明白了，再怎么折腾也迷糊不了。

2. 地点

文献记载的哥窑烧造地点主要有两个，一是杭州，就是《遵生八笺》说哥窑烧于私家，取土在杭之凤凰山下。一是处州龙泉琉田，《弇州四部稿》说处州，《春风堂随笔》说"主龙泉之琉田窑"。由于还有"传世哥窑"一说，里面的产品也真真假假，所以1982年版的《中国陶瓷史》以为景德镇窑和吉州窑也有生产哥窑的可能。当然，由于胎骨颜色差别较大的硬伤，以及景德镇御窑厂的发掘，这两窑的说法都被否定了。

其实对于龙泉青瓷和哥窑青瓷，古代文献是说得很清楚的，南宋《百宝总珍集》说："（新窑）自后伪者，皆是龙泉烧造者"；明初《格古要论》："（官窑）伪者皆龙泉所烧者"，就是龙泉窑仿制南宋官窑，追求样式、釉色、胎泥等方面的逼真。元代文献说哥窑"绝类古官窑"；同样《格古要论》说哥窑"类董窑"，用的是"类"字。"类"，不是仿制的意思，而是相似、同类的意思。虽然仿制也有相似的意思，但"类"的相似是"长得像"的意思，如同说某人长得像个当官的一样，"类"并不要求一对一的仿制和摹仿，追求意到，就是得意而忘形，与之相应的生产方式也会不一样的。"类"字在宋元明文献中的修辞都是一致的，如《百宝总珍集》中的"高丽新窑皆相类"；《格古要论》的"（官窑）与汝窑相类"。所以，龙泉窑用"伪者"，哥窑用"类"字，显然是两种不同类型的产品，在用字上具有类型学意义。

　　类，在明代文献中还有窑口性质分类的意思，曹昭在《格古要论》中虽然没有很明白地说民窑、官窑之别，但在遣词用字上很用心地将其归类了。书中在说哥窑时说"类董窑"，而不说类官窑。说董窑时也不说类官窑，却说"比官窑无红色"、"不逮官窑多矣"。董窑在后来清代文献中说是东窑之误，是北宋东京民窑。所以曹昭虽不知道哥窑、董窑出哪里，却是了解两窑都是民窑的情况，将之进行类比。官窑与汝窑相类，哥窑与董窑相类，曹昭在字里行间告诉我们两类窑的性质是不一样的。

　　既然早期文献已将龙泉青瓷和哥窑青瓷归属于不同种类，也不进行类比，那龙泉青瓷应该与哥窑是没有关系的，高濂所说的哥窑在杭州凤凰山显然比较靠谱。

　　3. 人物（包括有无弟窑）

　　文献哥窑现象中最奇葩的就是人物，《至正直记》的哥哥窑是无论如何不可能与兄弟挂上钩的，要不这故事轮不到以后的文人写了，孔齐的文笔足以使哥哥窑故事更生动。所以说来说去都是省称哥窑以后惹的祸。人物其实就是俩兄弟，名字叫章生一、章生二，有的文献惜墨如金，称章氏兄弟，最初是《浙江通志》一则故事里的主人翁，也烧瓷器，但与众所周知的开片、类官窑的哥窑是无关的。最早将两者相关联的是《弇州四部稿》，随后《春风堂随笔》中塞进了哥窑条，将故事和"浅白断纹"的仿哥窑相结合，冠以宋代，直接逆袭了铁足的"类官"哥哥窑瓷器，从此章生一成为了**两个不同性质的哥窑主人**。正如鲁迅先生说的"地上本无路，走的人多了便也成了路"。特别是清代，舆论明显地偏向了宋龙泉章生一哥窑，便成了真有那么回事了，反而哥哥洞窑省称的哥窑知道的人愈来愈少了。其实哥哥洞窑是没有窑主的，整个明代也没有文献记载哥哥洞窑谁是窑主，只有"烧于私家"一说。

另一位主角章生二及其弟窑纯粹是演义出来的，是"一生二"衍生品，《浙江通志》将俩兄弟生出来以后，被扯进不同的剧本中扮演不同的角色。《春风堂随笔》"哥窑"条说生二烧纯粹如美玉的青瓷；《七修续稿》说生二所烧色青铁足，生二窑又称龙泉窑或章窑，均没有"弟窑"一说。真正称"弟窑"的直到清乾隆《南窑笔记》中才出现，其文曰："又有深米色者为弟窑，不甚珍贵"。而且说兄弟俩"窃作于修内司"，**意思**

明显地在说处州章氏兄弟在修内司官窑学了黑胎青瓷的烧制方法，不知道可不可以作为龙泉黑胎青瓷仿南宋官窑的文献证据。兄弟俩"大观之后"业陶，产品"仿佛观窑"，按照文意即哥窑，又名章窑。通篇没有章生一章生二之名，也没有说哥窑是以兄故也，标题"哥窑"以兄故也的意思，是根据文中"章姓兄弟"和"弟窑"推想而知的。

4. 产品特征

文献上说哥窑的产品，貌似很复杂，其实读来读去也就是三种：一种是《格古要论》所说的"色青浓淡不一"和"紫口铁足"黑胎青瓷，姑且以特征理解为"黑哥窑"。《遵生八笺》及引录他的文献都持此论，清代《南窑笔记》和伪作《七修续稿》也都持此观点；另一种是《弇州四部稿》"色稍白"、"百圾碎"的非黑胎青瓷，姑且以"浅白"特征理解为"白哥窑"。《春风堂随笔》中的伪文"哥窑"条的"浅白断纹"瓷和引用及抄录以上两者的文献都持此观点；第三种是《浙江通志》的"粹美"文学哥窑，其实是白胎青瓷，从字面意思姑且理解为"翠哥窑"。翠哥窑是真正传说哥窑的产品，时代是明代，但可以忽略不计，从来没有人注意过这个产品的特征，也不把它放在哥窑问题讨论中。

三种产品中争论最激烈是"黑哥窑"，主要是杭州和龙泉都有黑胎青瓷生产。虽然两个黑胎青瓷的表面特征差距很大，但将看不到实物的文献断章取义，把龙泉黑胎青瓷、翠哥窑的处州章生一哥窑故事、白哥窑的宋代说三者搅和在一起，就会产生"宋龙泉哥窑"。伪文献《七修续稿》"二窑"就是如此产生的，也正是这种随心所欲地将关键词自由组合的现象，才使得哥窑问题越来越复杂的。

5. 窑名

"哥窑"的称呼比较复杂，现在许多专家学者都认为此哥窑非彼哥窑，但都没有深入或避而不谈。可能是因为文献太多了，意思大同小异，难以说清楚，且不完整地了解文献很容易被绕晕。

元代《至正直记》有哥哥洞窑、哥哥窑，从语境看，是对着同一件东西说话，没有歧义，这是真正哥窑的源头。"哥哥"的意义是指示代词"这个"，具有特指性，而非泛指的"这些"，龙泉黑胎青瓷瓷窑众多，正好反了"这个"的意思。

明代《格古要论》和《遵生八笺》的哥窑，以及持哥窑在杭州观点的文献所说的哥窑都是一回事，上承元代哥哥窑，可看作是哥哥窑的急读。

明嘉靖省志《浙江通志》所说的章生一哥窑，其"哥"的意义正是明代以后广泛使用的"兄长"的意思，在名称的释读上与哥哥窑没有关系，其产品也与类官窑的黑胎青瓷无关。一定要说有关系，那恰恰是文学人物章生一生二被普遍植入，个别的还用了龙泉琉田的地名。

明万历王世贞《弇州四部稿》中的"宋哥窑",是唯心论的产物,三国演义式的哥窑,其名称无疑是来源于通志,意义当然是以兄故也,拥趸者最多,哥窑问题被搅乱,全赖此哥窑。

哥窑文献现象中的"宋处州章生一哥窑"说,极似和氏璧传国玉玺的故事。和氏璧原是《韩非子》中的一则寓言故事,故事名为"和氏",从故事名可以看出韩非要说的是人物。韩非用和氏献宝反而被砍脚来说明"贞士而名之以诳"的道理的。后来汉代刘向《新序》也引用此故事说同样的道理。两个故事都说了"王乃使玉人理其璞而得宝焉",名曰"和氏之璧"。然而有了蔺相如"完璧归赵"故事(这也非史实),又有秦王统一中国的史实,李斯确也篆过玺印,后人便将这些内容关联了起来,说和氏璧入秦后改刻成了传国玉玺。璧是向来有制度的,并不是可以随料而做的。《说文解字》"璧,瑞玉,圜也。瑞以玉为信也。释器:肉倍好谓之璧,边大孔小也。郑注:周礼曰璧圜象天。从王,辟声"。出土的玉璧至今也没有见过厚到可以刻"方圆四寸,上组交五龙"玺印的程度,况且中间的孔洞——"好"如何处理也是问题,完全是一个不可能完成的改刻。五代时前蜀道士杜光庭《录异记》却将两个形制相去甚远的东西联系在了一起,其卷七"异石"

中记："岁星之精，坠于荆山，化而为玉，侧而视之色碧，正而视之色白，卞和得之献楚王，后入赵献秦。始皇一统，琢为受命之玺，李斯小篆其文，历世传之"。此后，经宋代文人加工演义，遂成为现在广为人知的和氏璧传国玉玺的"历史"了。其实【宋】郑文宝《传国玺谱》保留了两种说法：一是"用是璧"，即和氏璧；二是"用蓝田玉作之"。但后者就没有故事了，前者还可以继续演义。

第二节　章窑、章氏、章氏兄弟与哥窑

　　章窑，最早出于高濂的《遵生八笺》，高濂说是因姓得名，谓之章窑。产品是用白土造器，釉水是"翠浅影露白痕"，比龙泉青瓷更细巧精致。从行文次序看，高濂所说的章窑在龙泉或附近地区，如丽水、庆元等。

　　高濂之后提到章窑还有《续稿》"二窑"条，说生二窑是章窑；清代佚名《南窑笔记》说哥窑是章窑，复杂程度不亚于章生一哥窑。

　　考古发掘证明确有"章"姓窑工存在。杨冠富先生《龙泉哥窑》一文介绍说大窑岙底瓦窑坑窑址出土一件带"章"字款的匣钵，"与宋代书法写法一致"，是"常见的一种区分窑与窑之间窑具的记号"，文章认为是宋代章姓窑户的铭记。文章还介绍了另一件"章氏"款的印模，出土于大窑枫洞岩窑址，印面的花纹是明早期龙泉青瓷大盘内底常见的球锦纹，无疑是明代章氏窑工的用具。宋代"章"字款的理由还不够充分，后者印模确是实实在在的明代用具。

历史常常很奇巧，杭州凤凰山老虎洞元代地层也出土了八思巴文读音为章（张）的支钉窑具，巧的是清乾隆时期的《南窑笔记》也记载章氏兄弟俩"窃做于修内司"，与此考古迹象关联上了。据"出杭州大观**之后**"推测兄弟俩元朝继续在烧瓷，虽然没有明说烧窑地点，但杭州是一个选项。还说哥窑的另一个别称叫章窑。"章"作为姓氏，在蒙语、八思巴文语音、汉语的发音是一样的，八思巴文章（张）字款只能说明有章（张）姓窑工在里面工作，如果窑主是章（张）氏，那就不需要铭刻了，或者全部刻上章（张）字款，何必有些窑具还刻其他姓氏。况且，此前没有文献记载杭州有"章窑"一说。

根据文献和考古迹象，"章"姓窑工肯定是存在的，以此类推章氏兄弟存在也没什么不可能。宋元时期，章氏作为窑主出现尚无可靠的证据。但宋代工匠是可以"待诏"的，南宋晚期处州章姓陶瓷工匠到杭州官窑来服役完全合理，所以《南窑笔记》说处州章氏兄弟俩"窃做于修内司"不是没有可能。唐俊杰先生根据窑具等考古情况也认为"郊坛下官窑和老虎洞官窑中绝大多数工匠很可能就来自浙江本土的越窑和龙泉窑"[①]。那么，时至元初，南宋纳土之后，处州章氏兄弟（或子孙）也

---

① 唐俊杰：《南宋郊坛下官窑与老虎洞官窑的比较研究》《南宋官窑文集》，文物出版社，2004 年。

可能成为被挑剩的工匠之一，章氏兄弟或后辈继续在杭州制瓷讨生活也是有可能的。前文笔者也以实物证明了元代哥哥窑香鼎的三乳足可能得之于南宋龙泉窑乳足鬲式炉，这种"质颇粗厚"炉足，体现了民窑相互交流、分享利于生存的制瓷经验的状况。

综上分析，高濂的章窑虽然也是姓氏的缘故，应该是真正的章窑，是明代处州的一处私人窑场。弟窑章窑和哥窑章窑，在文献层面就存在冲突，也没有实物资料佐证，不足为信。

章氏也是存在的，是制瓷的匠户，窑具上的"章氏"款和八思巴文章（张）字款，说明章（张）姓窑工既存在于龙泉地区窑场，也存在于杭州哥哥洞窑。

章氏兄弟和章生一哥窑，首先存在于传说故事，有现实存在的可能，即便是神话故事也有现实的影子的，但在实际应对时出现了偏差。至于所谓的生二窑、弟窑，本来就是没有所本的，就当故事听听罢了。

"章"姓相关的文献和实物资料都没有突破元代，更多的是明代。

第三节　龙泉黑胎青瓷与乌泥窑

说哥窑，龙泉青瓷是一个绕不开的话题。所谓靠山吃山，山区龙泉粮食贫乏，但丰富的瓷土资源和连绵群山提供的烧材，使其成为天然的制瓷宝地，只要有技术工匠流入指导，马上就能烧制出优质的青瓷，所以宋代文献就已经提及了龙泉窑。随着名气的扩散，文献出现了龙泉有章生一哥窑，后来又将章生一哥窑与宋代及断纹瓷联系上了。尤其是龙泉的黑胎青瓷，因与南宋官窑相似，被认为是文献所说的宋哥窑，为哥窑在龙泉说赢得了一大批拥趸者。因此，梳理一下龙泉黑胎青瓷，有助于更好地理解哥窑问题。

1. 龙泉考古与黑胎青瓷

1928 年，陈万里乘考察处州各县政务之机，怀揣着摘录的龙泉章生一哥窑的文献，信心满满地踏上了南行考察之路，开启了中国陶瓷田野考古之序幕，也是龙泉窑考古、哥窑考古之始。1939 年 5 月第四次龙泉之行最为其欣喜，在大窑岙底发现了与乌龟山官窑碎片相同的黑胎青瓷，质量之优"将在龙泉青瓷史上留得灿烂光辉之一页耶"。兴奋之余，他陷入了沉思，发出了黑胎青瓷是否哥窑的五问：（一）此黑胎骨紫口铁足之作品，即哥窑耶？（二）哥窑与杭州乌龟山官窑，以何因缘而能如此一致耶？（三）邵成章所监制者，悉就汴京遗意，与以仿制，哥窑制作，亦受此大梁作风之感召耶？（四）如以此种作品为哥窑，何以在龙泉如许烧窑之环境中，摹仿哥窑之制作，竟如是其寥落耶？抑所谓开冰纹片，而其制作釉色与乌龟山官窑相近似，唯其底足略呈龙泉本色者即是官窑之百圾碎，而为当时仿哥之作品耶？（五）如以此种作品为哥窑，则向之所谓哥窑体重耐藏者，似与今之所见，绝不相类。同时典籍所记载者，仅言质细性坚，而未曾明言与章生二所用之瓷质有绝对不相同之一点，何耶？①

五问中，陈万里前辈对紫口铁足的黑胎青瓷是否哥窑都表示怀疑，更不要说龙泉如此的烧窑环境仿哥窑"竟如是其寥落"；精细的黑胎青瓷与所谓哥窑体重耐藏者又绝不相类了。显而易见，在陈前辈眼中文献与现实矛盾重重。其后又于溪口发现墩头窑，产品更胜于坳底窑，陈前辈又自问："如认此黑胎作品，即为哥窑，则所谓哥窑者，在大窑耶，抑在墩头

---

① 陈万里：《龙泉大窑之新发现》，《陈万里陶瓷考古文集》，紫禁城出版、两木出版社，1990年。

耶？"明面上是在问哪一个是哥窑，没有彰显出来的问题是难道这些有黑胎青瓷的瓷窑都是哥窑？所以，整部《陈万里陶瓷考古文集》都没有回答哥窑"出哪里"的问题，陈前辈是带着哥窑哑谜离开人世的。

中华人民共和国成立以后，考古成为以官方主导的科学事业，科学性和可信度是毋庸置疑的。1959年末至1960年初，朱伯谦先生等人对龙泉窑核心区的大窑、溪口、金村等地进行了小规模试掘，同样发现了优质黑胎青瓷，朱伯谦先生原先认为这就是文献说的哥窑产品。后在冯先铭先生的质疑下，改变了看法，转而支持冯先生的仿官说。牟永抗和任世龙先生《"官""哥"简论》据这一时期龙泉窑调查和发掘所了解的情况，与乌龟山南宋官窑发掘的产品进行比对，认为龙泉瓦窑垟的薄胎厚釉、紫口铁足、釉面开片等特征，及器形以瓶、炉、洗等陈设瓷为主的器物类型，同"乌龟山窑址所见几乎毫无二致，而**与龙泉窑传统作风相比则未见有明显渊源和发展关系**"。最后，文章和陈万里前辈一样来了一个假设，"**如果宋代**确实存在过一种如元、明文献所称的哥窑，那么，在目前来说似乎还是以瓦窑垟类型的仿官制品为宜"①。这就对了，**如果确有宋哥窑，只有龙泉黑胎青瓷符合"宋代"这个必备条件，而将官**

---

① 牟永抗、任世龙：《"官""哥"简论》，任世龙：《瓷路人生——浙江瓷窑址考古的实践与认识》，文物出版社，2017年。

窑称为"古官窑"的哥哥洞窑则是不具备的。如果没有宋哥窑，那龙泉黑胎青瓷既不是龙泉青瓷主流产品，也不是哥窑产品，终不是没由来的品种吧，只能放在仿官窑序列中，与古代以官窑为圭臬的生产方式相符。

2010 年开始，龙泉黑胎青瓷问题成了浙江省文物考古研究所的学术课题项目，重新展开调查、发掘。结果是龙泉黑胎青瓷依然为南宋，但根据瓦窑垟遗址的窑炉结构与乌龟山基本一致，瓦窑垟有一块标本热释光测得年代"处于 1121~1171 年之间"，早于乌龟山官窑产品，进而否定龙泉黑胎青瓷仿官说。并根据明高濂《遵生八笺》"官窑品格大率与哥窑相同"的行文顺序和哥窑宋代龙泉说的那些文献，重新强调龙泉黑胎青瓷就是宋哥窑，并同意龙泉黑胎青瓷是"正统的哥窑"的说法[1]。调查发掘结果没什么问题，即便是误差过窄的数据证明瓦窑垟早于乌龟山，也有迹可循。因为乌龟山官窑本来就是内窑之后的别立新窑，时间晚于瓦窑垟属正常情况。《坦斋笔衡》的记载龙泉烧类汝窑青瓷更早，在命汝州造青器之后说"江南则处州龙泉县窑"，然后再说"政和间京师自置窑烧造"。虽然此时"质颇粗厚"，但时间上早于乌龟山官窑，或早于老虎洞内窑都是与文献相符的。北宋官窑、南宋官窑的"制"都是相承袭

---

[1]　沈岳明：《龙泉窑黑胎青瓷的考古发现与认识》，《哥瓷雅集》专论，故宫出版社，2017 年。

的，以测定年代早于乌龟山而否定仿官窑似为不妥，毕竟官窑引领审美风尚的，制瓷水平也是最高的。如果龙泉黑胎青瓷不是仿官的，那它是学什么的？莫非是龙泉窑自创黑胎青瓷系列产品？

龙泉黑胎青瓷就制瓷技术层面而言比哥窑要好，制器按标准规矩到位，烧窑火候也全部正烧。按标准烧的不美之处就是釉面没有官窑的味儿了，肉眼观察表象就是过于清亮，片纹深细。如是瓷片，断口形成锯齿状和角尺形，与大多数龙泉白胎青瓷的断口也不同，皆因窑温过高所致。可能有人会说把窑温降一点下来不就行了吗，笔者估计不行。官窑与龙泉窑虽然都是黑胎，但原料中的主要元素的含量、微量元素占比均不完全相同，使得窑温降下来能不能出釉、釉的质感合不合乎标准都成为问题。古代使用的是天然矿物釉，改变含量并非易事。官窑"重器不重质"，龙泉黑胎青瓷这种清亮釉面与官窑审美标准相悖。

官窑是学汝窑的，窑温是微生烧状态，在具体烧窑技术上降温及出窑不能太快，这样才能保证釉面的温润，即使有纹片，也不至于太深太烈。哥窑是官窑遗留下来的工匠，用的是官窑一样的土，也略知烧窑的窍门在哪里，为了保证成品率，可能温度更低一些，这使得哥窑与龙泉黑胎青瓷的釉面光亮度差距比较大，片纹前者浅细疏朗，后者深长碎密。若以瓷质、制式而论，将龙泉黑胎青瓷说成哥窑，有点自降身段去屈就哥窑的名气吧！

　　龙泉黑胎青瓷是不是仿官产品，历史上并不缺乏声音，《百宝总珍集》说青器在新窑之后皆是龙泉仿制，"自后伪者，皆是龙泉烧造者"；《格古要论》也说官窑"伪者皆龙泉所烧者"；《坦斋笔衡》从类汝窑的角度说龙泉窑"质颇粗厚"，所有的信息都是负面的（至少与官窑相比是如此），说明此时龙泉窑还在学习他窑的技术，仿烧汝窑、官窑瓷器，仿制是最好的学习方法。时至明代早期，《浙江通志》说龙泉青瓷"粹美冠绝当世"；陆容载录的《龙泉县志》则说"莹净无瑕"、"县官未尝见也"，全是正面的赞美，何也？时代不同而标准不同，角色也随之转换，此时龙泉青瓷已经站在了青瓷生产高端，可以俯视其他地区的青瓷生产了。

　　民国时连古董商也选边站了，陈万里前辈的《龙泉访古记》记载民国时期古董商专门拿龙泉黑胎青瓷当乌龟山官窑瓷器卖给研究古瓷的外国人，并没说当哥窑卖给外国人，也就是说将龙泉黑胎青瓷当哥窑卖的话，连外国人都蒙不了。所以，龙泉黑胎青瓷是仿官还是哥窑，依旧是文献问题，没有了狸猫换太子式的"宋处州章生一哥窑"说的支持，龙泉黑胎青瓷宋哥窑说就不能成立。

2. 乌泥窑

宋《坦斋笔衡》说内窑之后"余如乌泥窑、余杭窑、续窑，皆非官窑比"。把此三窑排在乌龟山郊坛下官窑同等的时间和地位上。与宋《百宝总珍集》直接说龙泉仿语气有所不同。明代初期有曹昭的《格古要论》"官窑"条下"有黑土者谓之乌泥窑。伪者皆龙泉所烧者，无纹路"。与《坦斋笔衡》一样放在官窑下面论及，归入官窑品格一路。但其所论有点泛，有黑土就是乌泥窑，那杭州、龙泉、建安等都有乌泥窑存在的可能。也许是杭州的泥被认为是带紫色的缘故，《中国陶瓷史》据《格古要论》此语推断乌泥窑就是龙泉黑胎青瓷。但《格古要论》下面又说伪者皆龙泉所烧，将乌泥窑与龙泉相提并论，似乎在说烧窑场所不在同一地方。万历初期高濂《遵生八笺》说得更直白："后有董窑、乌泥窑，俱法官窑，质粗不润，而泑水燥暴，溷入哥窑，今亦传世"。乌泥窑是仿官窑质量不好的原故而溷入哥窑的，在时代上有先后，因仿官而被误认为是同一种产品。根据《坦斋笔衡》和《格古要论》的排序，乌泥窑应该是南宋时期的瓷窑。遍查已发现的窑址，能满足**南宋**和**仿官窑**两个条件的还只有龙泉黑胎青瓷。

如果观察一下龙泉的地名，也与乌泥窑有很多的关联。陈万里《龙泉访古记》记载龙泉七里宏山有"乌瓷窑"。杨冠富《龙泉哥窑》提到大窑地区"能见哥窑产品（从文章内容看应该是指黑胎青瓷）的窑址"的有"乌窑"和"乌窑岭"。黑胎并不是龙泉青瓷的主流产品，与白胎青瓷比起来是小众产品，所以特别需要用"乌"字别之，也反映了龙泉地区将烧黑胎器物的窑场以"乌"名之的习惯。沈岳明先生《龙泉窑黑胎青瓷的考古发现与认识》一文说"龙泉地区的许多两宋之际的窑场中均有黑胎青瓷生产的趋向"，但相对来说产量都很小，有在物色窑场的意思。从龙泉地区南宋遗存黑胎青瓷看，可能微量元素不同，龙泉黑胎青瓷尽管能做到胎薄釉润，就是过于清亮，不符合皇家的审美理念，没有被皇家选中。虽然官府不要，但产品不能浪费，域外之人对如此精美的产品还是喜欢的。域外之人并不了解是多个瓷窑生产的，看看差不多，以为是同窑生产的东西，一律呼之为乌泥窑。因为是域外人的称呼，可能非特指一处，是对龙泉烧黑胎青瓷泛称的窑名。

关于乌泥窑生产之地，明万历王世贞《弇州四部稿》有"命汝州造青窑器……处州之龙泉与建安之乌泥窑品最下"的记载。万历晚期的《留留青》也有相似的记载："【龙泉窑】处州龙泉窑豆青色，建安乌泥窑品最下，苏州翠窑又下。"该条文献有点乱，词条名改为"青瓷窑"似乎更让人易于理解，可能是抄书没抄好。

对于王世贞的陶瓷观依旧要认真对待，如果查阅宋明文献，可以看出"建安乌泥窑"又是想当然出来的。北宋中期有一位名臣叫蔡襄（1012 — 1067 年），他是福建仙游县人，天圣八年进士，后出任福建路转运使，主持制作北苑贡茶"小龙团"。并于治平元年写了一部总结了古代制茶、品茶经验的《茶录》，其中"茶盏"条说："茶色白宜黑盏，建安所造者，绀黑，纹如兔毫，其杯微厚，熁之久热难冷，最为要用。出他处者，或薄或色紫，皆不及也。其青白盏，斗试家自不用。"福建人回福建做官，应该是最清楚当地的情况的，蔡襄提到了建安黑盏是斗茶的最好器具，也提到青白盏不用，并没有说乌泥窑。前文提到宋叶寘《坦斋笔衡》记载南宋仿造官窑的有乌泥窑、余杭窑、续窑，说的是黑胎青瓷，也没有要特别注明乌泥窑产地之意。

明曹昭《格古要论》将乌泥窑放在"官窑"条中讲述，黑釉盏放在"古建窑"中论述。明万历高濂《遵生八笺》也说乌泥窑俱法官窑；建窑多黑釉碗盏。两者的意思是一样的。明万历二十四年张谦德著《续茶经》，其"论器·茶盏"条在引用蔡襄的条文后评论说："此语（蔡襄语）就彼时言耳。今烹点之法，与君谟不同，取色莫如宣、定，取久热难冷莫如官、哥，故之建安黑盏收一两枚，以备一种略可"。从烹点之法论茶器，色取宣德、定窑白瓷，保温选官、哥青瓷。建安黑盏只做备用。可见，从宋代到明代，大多数懂瓷器的行家都能明确地了解"建安"与"乌泥窑"没什么关系，只有王世贞想当然地将建安黑釉盏与乌泥窑联系了起来，弄出个建安乌泥窑来。

需要声明的是：龙泉黑胎青瓷就是乌泥窑仅仅是推测，并不是肯定答案。不排除以后考古发现其他地区有"乌泥窑"的可能。

第四节　哥窑现象之器物

1. 金丝铁线与开片

　　器物上的哥窑现象最为大众所熟悉，耳熟能详的莫过于"金丝铁线"了。名称非常夺人眼球，具有美学意义。故宫的哥窑瓷器展图书"前言"说，展览的名称为"金丝铁线——故宫博物院哥窑瓷器展"[①]，足以说明美的开片已成为哥窑的标识而深入人心。

　　开片不是孔齐"哥哥洞窑"的关注对象，也不是《格古要论》"哥窑"的关注重点，把开片作为哥窑现象而重点关注始于《遵生八笺》。自从高濂将开片分为上、次、下三等，片纹美就成为哥窑焦点，而且哥窑片纹评级都范围于高濂制定的冰裂鳝血、梅花片墨纹、细碎纹三种形式。后来论哥窑必说开片，哥窑瓷器好不好，能不能卖出好价钱，片纹是首先要审视的对

[①]　故宫博物院:《哥瓷雅集》前言，《哥瓷雅集》，故宫出版社，2017 年。

象。开片原本就不是哥窑的专属特征，后来倒成了仿哥窑追求的目标了。

殊不知最为人们称道的"金丝铁线"一词，起初并不是对哥窑开片的描述，而是对官窑的描述，原文金丝和铁线应该是两种不同的片纹，由于古文没有标点，便将其连读为"金丝铁线"了。乾隆时《南窑笔记》称官窑为"观窑"，文曰：

观窑

出杭州凤凰山下，宋大观年间命阉官嵩督，故名修内司。紫骨青釉，出于汝窑。有月白色、粉青色，纹片有名金丝、铁线、蟹爪诸纹者。多瓶尊玩器，独少碗碟之属。釉泽肥厚，内泛红色为佳。今仿官窑……①

文中所有标点都是笔者点的，金丝后面应该有顿号，讲的是三种纹片，与高濂的分法相似。金丝与铁线交合在一起固然好看，但只有少数出土的哥窑，在入土前后形成不同颜色的片纹，交织的情况并没传说中的那么好。而很好看的大多数不是自然形成的。

---

① 【清】佚名：《南窑笔记》，黄宾虹、邓实主编：《美术丛书》，江苏古籍出版社，1986年。

《景德镇陶录》"碎器窑"条对碎纹的做法有详细的解释："用滑石配釉，走纹如块碎，以低墨、土赭搽薰即成之器，然后揩净，遂隐含红黑纹痕，冰碎可观"①。文中描述"红黑纹痕"的碎纹做法，就是世人最为欣赏的"金丝铁线"。金丝铁线与原本的哥哥洞窑片纹无关，乃是仿哥窑人为干预而成，在交通不便的古代社会，很容易被邂逅的美丽纹片所迷惑，经过二三百年的传唱，变成了哥窑的标识。其实仿的人没说自己是哥窑，传到清代还是叫碎器窑，贩子卖到外地就没有诚信了，讹呼哥窑，其实是假哥窑。最为大家瞩目的哥窑标识"金丝铁线"，多是人为做出来的，二百年前的古人就知道了是假哥窑，后来却有人当哥窑研究，真的很悲催！

哥窑粗硬的片纹足以引起视觉冲击，摹仿是不可避免的。文献与实物表明最初的仿哥窑来自明早期官窑。明嘉靖年间皇甫录的《皇明纪略》载"都太仆言，仁宗监国，问谕德杨士奇曰：'哥窑器可复陶否？'士奇恐启玩好心，答曰：'此窑之变，不可陶。'他日，以问赞善王汝玉，汝玉曰：'殿下陶之则立成，何不可之有？'仁宗喜，命陶之，果成。"②仁宗是成祖长子，其监国发生在永乐帝出征期间，共有六次。也就是永乐年间官

① 【清】蓝浦原著、郑廷桂补辑：《景德镇陶录》，黄宾虹、邓实主编：《美术丛书》，江苏古籍出版社，1986年。
② 【明】皇甫录：《皇明纪略》，影印本。

方开始仿烧哥窑瓷器。皇太子要复陶哥窑，第一说明此时已没有哥窑了；其二说明哥窑片纹之美也为皇家所喜爱，并且觉得有点神秘，要询问过臣下方敢试烧。哥窑原为类古官窑瓷器，明代早期首开仿哥窑之风的是官窑，倒过来成了官仿哥，那可是真正的仿制，重点是隐纹如鱼子的开片。仁宗复陶之事真伪已不可考，其子宣德皇帝确是真真实实的仿制了许多哥窑瓷器，还落了款。传世实物有故宫博物院藏的"大明宣德年制"官款仿哥窑碗（如图）；考古发现景德镇御窑厂宣德地层有多

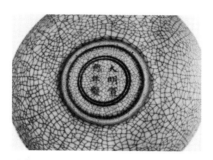

宣德官窑仿哥窑，图片采自《哥瓷雅集》

方形菱口盆，图片采自《景德镇出土明代御窑瓷器》

种款式的仿哥窑瓷器，如图的方形菱口盆非常少见。《景德镇出土明代御窑瓷器》图录中有仿哥釉大盘，直径达 40.8 厘米，有"宣德年制"篆书暗刻款，"年制"二字与"永乐年制"篆书刻款一致，似为宣德初年产品，那么文宗复陶的史实，存在还是可能的。

仁宗复陶在哥窑问题上是一个非常重要的节点，哥窑跨入了被仿制的时代，这仿制哥窑还是由明代早期官窑开启的。明代官窑制度是不合格瓷器直接砸碎埋在御窑厂内的，民间很少能见到，其神秘程度并不亚于哥哥洞窑。宣德时期仿哥窑胎呈灰色，质地较粗一些，不够紧密，不如仿龙泉青瓷的胎质。未见铁足或紫足，釉色灰白，布满细碎片纹，与色青浓淡不一的特征不相符，和后来伪文献说的"浅白断纹"倒是契合的。成化时期官仿哥的传世实物，用褐釉或浆水装饰口足，摹仿紫口铁足，此方法也为后来所效仿。可见明代官窑仿哥首先并不在意内在的铁骨，只注重表面的片纹，只要鳝血纹、墨纹等开片表现出来即可。其次，至少皇甫録写《皇明纪略》的嘉靖时期还没有将片纹美特别地重视，文献中始终没有明白表达这方面的意思，只有隐晦地表达"此窑之变"。再者，出土和传世实物中大件很多，既与元代哥窑异趣，又让哥哥洞窑工匠们很受伤，那是拿国家专业队的实力来羞辱我们民间业余队啊！仿哥窑的官窑偶尔流出宫廷，民间定是如获至宝，"浅白断纹"哥瓷被当作"旧哥窑"宣传、收藏也是可以理解的。

皇家的审美观对民窑的影响是非常大的，事关整个社会的审美风尚，自然影响产品是否好卖。明代景德镇御窑厂的仿制，影响到江西省的吉安永和镇，镇里有碎器窑，是明代晚期专烧开片瓷器的窑口，足见晚明对开片瓷的痴迷程度。

2. 哥窑瓷器众生相

利，是世俗社会一切行为的动因，以纹片为美的哥窑现象在真假文献的传播下，开片瓷器变成有钱人追逐的对象，到万历时，许多有片纹的青瓷都被误认为哥窑，许多南方窑场都在生产仿哥窑的碎纹瓷来满足市场需求，高濂的《遵生八笺》论述了五种情况，以此为线索展开讨论，基本能看清楚误认为哥窑和仿哥窑的情况。

一是法官窑的董窑、乌泥窑，应该还有续窑和余杭窑，这里的"法"是效法的意思，仿制的意义比"类"要强，长得更像官窑，无非质量差一点。《格古要论》所说的旧哥窑，也很有可能包含了这类器物。虽然曹昭知道董窑，高濂也指出了这些情况，但是高氏所列举的这么多器物，很难保证没有溷入官哥的董窑、乌泥窑、续窑和余杭窑的器物。现在传世的官哥器物中有没有混入四窑产品呢？一时也无法知晓。这四个窑至今没有找到，面貌也不清楚，董窑，《格古要论》^①不知道出哪里，清代《景德镇陶录》说是北宋东京民窑，那就是和北宋官窑一样的难题。乌泥窑上文已有专节论述，最有希望在短期内解决的。续窑和余杭窑，从名称看有可能在杭州城及其附近的余杭地区。杭州市政工地有灰红胎、淡青釉的青瓷残器出土，坊间称之为"杭窑"，或许就是文献记载的"余杭窑"。随着大规模的城市化建设的完成，要找到这些窑址如同北宋官窑一样难找。但有一点是可以肯定的，这四窑的产品都有官窑的"相貌"，应该还具有宋瓷的特征，以现在对古陶瓷认识，与元代的哥哥洞窑产品在年代上还是能够识别的。

二是元末新烧的哥窑，不及高濂所认定的哥窑（旧哥窑），以及董窑、乌泥窑。原文是"宛不及此"，这里的"此"含义不是很明确。其实这一类是真正的哥哥窑，由于曹昭在明初就提出了元末新烧产品"土脉粗糙，色亦不好"而成为另类，导致身份、地位被区别对待，也是陶瓷史上特有的。

三是"近年诸窑美者"。"近年"当然指明代了，明代从早期仁宗复陶开始，景德镇窑的官窑和民窑、吉州窑（碎器窑）、漳州窑、潮州窑、宜兴窑、石湾窑等诸窑紧随其后，开始仿烧开片瓷器，几乎涵盖了当时南方所有知名的瓷窑，而浙江名窑

---

① 《新增格古要论》（全二册）影印本，中国书店出版社，1987年。

龙泉窑此时正在烧高大上的官用青瓷，并没有赶烧哥窑瓷的时髦，反而以优质青瓷的代表被载入史册。

明代诸窑美者均不在浙江生产，也成为日后对文献记载哥窑产地质疑的原因。由于不在浙江生产，造成明代诸窑美者只重表象，不关注本质，形成了"浅白断纹"的普遍现象。主要有以下诸窑：

（1）景德镇窑仿哥瓷器

景德镇御窑仿哥始于大家熟知的仁宗复陶，当时的哥窑是还能见到的前朝旧物，见惯精细器物的皇子皇孙们忽见古拙的碎纹瓷，自然是喜不自胜，心中跃动着复陶的冲动，几经周折，终于烧制成功。有明一代，有三个皇帝仿烧哥窑瓷器比较多的，分别是宣德、成化和万历，万历时期尤以民窑为盛。

万历共四十八年，是明代享国时间最长的皇帝。万历时仿哥窑盛行并不是皇帝喜欢，而是皇帝不管事的缘故。皇帝不管事意味着对老百姓的管制放松了，社会经济发展了，收藏哥窑瓷器的多起来了，生产仿哥瓷器的也多起来了。所以，万历时期的仿哥窑以民窑为主，随着整个社会经济发展的推波助澜，开片现象变成了一个陶瓷品种，俗称"哥瓷"，也有称"哥釉瓷"的。当作为彩瓷底釉时，一般称之为哥釉某某瓷。《景德镇陶录》"碎器窑"条"亦有碎纹素地加青花者"即是哥釉青花瓷。万历一朝，广西的靖江王却历经了四代，桂林靖江王墓葬出土的瓷器中有许多装酒的梅瓶，时代较早的有与宣德器形相似哥瓷梅瓶。还有以哥釉为地，彩妆青花、五彩、赭彩、白彩的，更有一件集大成地将青花、赭彩、堆粉等等彩绘于一体（如图）[①]，新颖而不失典雅。这些哥釉瓷器的出土，说明嘉万时期开始，片纹已成为一种装饰釉应用于陶瓷生产。这些以哥釉为地的彩瓷，与仿哥窑瓷器一起形成了哥瓷家族，丰富了百花齐放的瓷苑。

青花

哥瓷

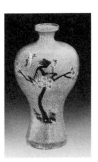
赭彩青花堆粉

五彩

图片采自《靖江藩王遗粹》

从照片中可以看出，四件作品底釉虽然都是开有碎片纹，但釉色浅白，五彩的那件略带米黄色，与《格古要论》等论著所说的哥窑是两回事，强调的是开片的装饰效果，也就是"古意"。

---

① 桂林博物馆：《靖江藩王遗粹》，上海人民美术出版社，2000年。

（2）吉州窑（碎器窑）

天顺三年《新增格古要论》："吉州窑　后增　吉州窑出
今吉安府庐陵县永和镇……宋时有五窑，书（舒）公烧者最佳，
有白色，有紫色。花瓶大者直数两，小者有花。又有碎器最
佳"①。清嘉庆《景德镇陶录》卷六也有碎器窑记载：

碎器窑

　　南宋时所烧造者，本吉安之庐邑永和镇另一种。
窑土粗坚，体厚质重，亦具米色、粉青样，用滑石
配釉……亦有碎纹素地加青花者。

　　唐氏肆考云，宋末有碎器亦佳，今世俗讹呼哥
窑，其实假哥窑，虽有碎文，不同鱼子，且不能得
铁足。若铁足则不能有声，惟仍呼碎器为称。案：所
谓紫口铁足，今镇陶多可伪设，即鱼子纹亦不必定
属汝哥类，凡圆琢小件，皆有精仿者矣。②

两文献一称吉州窑，一称碎器窑，地点相一致。都说宋时
所烧，符合吉州窑创烧年代，但宋代碎器窑至今没有发现过。
明晚期倒是有碎器产品，末句"碎纹素地加青花"说的就是万

---

① 《新增格古要论》（全二册）影印本，中国书店出版社，1987年。
② 【明】皇甫録：《皇明纪略》，影印本。

历时出现的瓷器品种。吉安永和镇在陈万里的《中国青瓷史略》中被提到烧制一种与宋龙泉窑青瓷（文章有附图）很相似的青瓷器，但文章否认这是仿龙泉作品，"而是一个地方窑的青釉器物"。可见其南宋时还烧造青瓷。

文献说有米色、粉青两种，所见实物多为米色，这不由得使人又想起了"浅白断纹"之说，因为浅白断纹瓷器没有说到铁足，这些都被唐氏肆考认定为假哥窑，"虽有碎纹，不同鱼子，且不能得铁足"。由此可见，《新增格古要论》所说的"碎器最佳"，到乾嘉时期已被有识之士辨别得清清楚楚，最有效的鉴别手段是**铁足**，有开片无铁足就不是哥窑；有铁足却声音发木，那是假铁足，也是假哥窑。真假哥窑之争到乾隆时期达到了一个高潮，以片纹为标识的哥窑现象，已被世人目之为哥窑主要识别特征，其实大多为假哥窑。即便是紫口铁足，也有伪设的。

景德镇御窑厂考古情况是万历地层碎片很少[①]，但所见万历瓷器很多，特别是青花和哥釉瓷器，造成此原因的可能是万历皇帝怠政后，官窑衰落，民窑兴起。曾被日本人称为"芙蓉手"的青花盘，被考古证实大多为福建所烧。万历时期形成哥瓷一族，这么多的量，御窑厂没有反映出来，一定别有他窑在

---

① 北京大学考古文博学院、江西省文物考古研究所、景德镇市陶瓷考古研究所编著：《景德镇出土明代御窑瓷器》，文物出版社，2009年。

生产。如上列的靖江王墓出土的梅瓶，除光素的那件以外，都与景德镇瓷器风格有细微的差别，如五彩的色泽。尽管《靖江藩王遗粹》图书文字说产品来自景德镇，但笔者以为应该是吉州窑产品。万历景德镇御窑厂衰落，但民间需求反而旺盛起来，热门品种哥瓷的生产肯定需要一个接盘侠，有生产经验的吉州窑当然是最合适的瓷窑，担当起了仿哥瓷器的生产。并利用民窑无条条框框限制的优势，将其发展成哥瓷一族，之后成为清代哥釉类瓷器生产的典范。

（3）漳州窑

漳州位于福建东南部，背山面海，既有山里的烧瓷资源，又有海河的港口优势，非常适合陶瓷的生产和贸易，宋元时期，漳州地区持续地、大规模地建窑烧瓷，以满足海外贸易的需要。明清时期更是外销瓷的主要产地之一。[①]1984 年，经过9 年 11 次打捞，韩国新安沉船被清理完毕，根据"庆元"铭铜权和"至治三年"木简，推定该船是 1323 年从宁波港出发的商船，船上的文物应该都是 1323 年以前生产的。出水的文物中有两件米白色的瓷炉，浅白色釉，开细碎的片纹，仿古铜器样式，一件是龙耳铺环簋式炉；一件是铺环葱管足鼎式炉（如图），多数人认为两件瓷炉均为漳州窑产品。漳州窑宋元时期

---

① 吴其生：《明清时期漳州窑》，福建人民出版社，2015 年。

生产青瓷、白瓷、青白瓷，类似瓷炉并没有超出其生产范围，可能性是存在的。但对许多当地瓷窑的产品面貌还没有弄清楚，类似产品的窑址也还没有找到，确认的话有待进一步研究。

图片采自《大元帆影》龙耳簋式炉

图片采自《大元帆影》鼎炉

两件瓷炉最初笔者也认为是漳州窑产品，而且将此和文献中的"浅白断纹"联系了起来。仅就器物而言，两件瓷炉器形典雅古朴，年代至少元中期，加上浅白断纹的特征，很符合《春风堂随笔》中"哥窑"条对哥窑的定义。当然，现在的玩家也好，文物工作者也好，都不会将其误判为哥窑的。如果置之明代晚期，情况可能就不一样了。而且明代晚期，符合浅白断纹的开片瓷器太多，估计大多数古董商手上都有此类假哥窑，那伪造文献也是迟早的事了。

（4）潮州窑

潮州位于广东的东部，自然资源丰富，河汉众多，水运方便，唐宋时期是重要的外销瓷生产地之一，特别是宋代笔架山窑址，2公里的山麓有近百条龙窑，可见规模之大。隆庆开海之后，海外贸易又兴盛起来，潮州窑再次繁荣，所产瓷器有景德镇和龙泉等名窑瓷器的影子。潮州窑瓷器，特别是唐宋瓷器，都普遍开片，纹片细碎，也有浅白断纹（如图）。前图并不是为了说明哥窑发生的时间，而是说开片现象，单从釉面看，也如哥窑釉面，开片误人啊！后图的宋代水盂从釉色和片纹都极似明清哥瓷文房用具，为潮州笔架山4号窑出土物[1]，如果流传至明代，无疑会被误认为是宋哥窑的。

图片采自《南国瓷珍》唐青釉双系罐　　　图片采自《南国瓷珍》宋白釉水盂

　　潮州窑元明白釉瓷和漳州窑很相似，下图的两件碎纹白瓷均有"浅白断纹"特点。漳州是从泉州和潮州两处划地设立的，两窑的瓷器相似不足为奇。《大元帆影》那两件炉，也有可能

---

① 广东省博物馆编：《南国瓷珍》，岭南美术出版社，2011年。

是潮州窑产品。从潮州窑、漳州窑、吉州窑和景德镇御窑厂仿哥窑看，至明代晚期有太多的"浅白断纹"瓷器，如果古玩商不识就里，很容易落入谷中。唯一的出路就是假托名人之言造势，弄假成真。

元代青白釉长颈瓶　　　　两图均采自《南国瓷珍》白釉龙耳簋式炉

（5）宜兴窑

宜兴窑位于《至正直记》中王德翁故乡宜兴市，此地人文荟萃，向以藏古识古之人多而闻名。其紫砂起于宋代，明中期开始闻名于外。宜兴陶瓷的烧造温度间于陶和瓷之间，属于精陶之类，如果施之于釉，则极易开片。明中晚期的宜兴窑釉色除常见的天青、天蓝以外，还有月白色，与哥窑色稍淡的月白色很相似。胎土有紫泥和白泥两种，若是紫泥加月白色釉，就可以仿成很相似的哥窑器。

左图宜兴窑灰白釉饕餮纹立耳方鼎，故宫藏品，样式古朴，从足跟看，似为白泥，月白色釉，开细碎纹，有官窑仿古铜彝器的韵味。

两图均采自《哥瓷雅集》饕餮纹方鼎　　　石湾窑螭虎纹方壶

（6）石湾窑

广东佛山石湾窑始于宋，盛极于明清两代。成书于清道光二年的《广东通志》记载："（石湾所制陶器）形制古朴，有百圾碎者，在江西窑之上。其余则质粗釉厚，不堪雅玩矣"[①]。佛

———————
① 中国硅酸盐学会编:《中国陶瓷史》转引，文物出版社，1982 年。

山石湾窑其实也是属于精陶一路，其面貌和宜兴窑差不多，相比之下宜兴窑文人气重一点。上右图螭虎纹方壶仿汉壶样式，足部涂以酱釉，似为铁足之意，属于文献所记百圾碎者。

四是"今新烧"，高濂没有说是哪里烧的，但下面一句"去诸窑甚远"是否指"今新烧"之地与诸窑相关联，无非是"近年"和"若今"之别。应该是诸窑若今仍在烧制，当然新烧的质量远不及近年诸窑的仿哥青瓷。无论如何，今新烧只是大家都来烧哥瓷的一种，也是跟风的仿制品，对现在来说是古董，对当时来说，是仿古工艺品。

五是复烧，就是拿旧的、有残损的官哥器，修复上釉，无损部分用泥包住，入窑重新烧一下。复烧用的是旧货，不存在仿制蒙人的情况。但残损件的价值与完整器是不同的，如果修复以后不说明，当完整器卖，就属于奸商行为。这种情况现在也很流行，属于热修复，在文物日益减少的当下，对保护文物有积极的作用。

第五节　传世哥窑

　　所谓传世哥窑是根据哥窑现象判断的，并不具有考古类型学意义，其实就是古董行的望气。笔者第一份职业就是文物商店收购员，跟着老前辈们学的就是望气。望气，是很中国化的识人辨物手段，其实就是传统相术在陶瓷鉴定中的应用，古代有相马、相牛、相鹤等相术，是通过某些表象特征来判断事物好坏的识物方法。望气需要知识，更需要经验的积累，时间久了就能形成对物的直觉，很管用。但望气比较适合对新老的判断，对断代则受制于参照物（标准器），参照物的情况没有搞清楚，往往会形成误判。用望气来鉴定哪个是宋哥窑和元哥窑，则是认识上的重大误区。例如哥哥洞窑的香炉，一看就是老的，且有古官窑的相貌，那就有官窑、宋哥窑、元哥窑等选项，敦厚典雅的外形往往会因宋哥窑的传说而误判为宋代，若以此为参照物进行鉴定，就会弄出一大堆符合特征的宋哥窑。这就如同相术中的"看相"，拿某位成功人士的脸相去比对，比对出一大批可能大富大贵之人，但这一大批人在走完人生时，结果一定是令人失望的。

传世哥窑的始作俑者郭葆昌第一份职业是古董店学徒，学的就是望气。因为有望气积累的鉴赏陶瓷经验，被袁大总统委派到景德镇督理窑务，成了景德镇御窑厂最后一名督陶官。由于这些经历，故宫博物院1935年聘任郭葆昌为瓷器专门委员，对宫中收藏的古瓷重新进行了鉴定，结果公布于《参加伦敦中国艺术国际展览会出品图说》中。从结果看，鉴定很明显地以望气判定，其中图五六宋哥窑粉青贯耳穿带杏叶壶，从名称描述就能判断非宋元之物，况且器物上还有原签"乾隆瓷提瓶"可参考。所以郭葆昌鉴定的传世哥窑包括了元代哥哥洞窑、明代仿哥窑、明代仿官窑、清代仿哥窑、清代仿官窑瓷器，这些瓷器具有现象要素的开片，或铁足，而没有类型学意义，更没有从器物上诠释哥窑的作用。

郭葆昌的鉴定对后世影响很大，1958年《故宫博物院院刊》创刊号上，刊登了孙瀛洲前辈对故宫藏哥汝窑对比分析的体会文章《谈哥汝二窑》。需要注意的是孙前辈是对故宫藏哥汝窑对比分析后的体会，也就是郭葆昌确认的哥窑。文章认为哥窑"因土非一种，故色也不一"，胎色细分为沉香色、浅白色、杏黄色、深灰色、黑色等，窑口和年代的混杂由对胎土的描述中可见一斑，属葱韭兰花一筐挑。文章将纹片单独一节专门论述，比高濂分得更为细致，说："哥窑的纹片多种多样，色也不一。以纹色而呼名的有鳝血纹、墨兰纹、金丝铁线纹、浅黄纹、鱼子纹；以纹形而呼名的有网形纹、梅花纹、细碎纹、大小格纹、冰裂纹等总名百圾碎"。明显地孙前辈认为高濂的"梅花片墨纹"过于笼统，应拆分为纹色和纹形两类加以研究。对于不受人为控制片纹来说，器物愈多，纹片的样式也愈多。器物的窑口、年代不一，纹片现象自然各异。加之人工后天干预的开片颜色，片纹的样式可以很多，分得越细，对认识的伤害越大。明万历高濂尚且知道官哥取土俱在一处，故紫口铁足。在此基础上官哥之别在于隐纹，一如蟹爪，一如鱼子。而郭葆昌和孙前辈却是以现象的开片为标准，将相似的瓷器归为一类，然后分析出**本质的"土非一种"**。现象决定了本质，将本质不同而现象相似的加以分别归类，肯定是片纹的形式越来越多。当对哥窑的认识完全为现象所左右时，难免误入哥窑的迷雾中。

　　1964年，周仁和张福康先生将浙江省文物考古部门所提供的龙泉黑胎青瓷标本和故宫提供的传世哥窑标本做了测试对比，发表了《关于传世"宋哥窑"烧造地点的初步研究》一文，指出传世"宋哥窑"是宋代以后烧造的仿哥作品。为了避免麻烦，国内几大博物馆纷纷将这些瓷器冠以"传世"二字，形成了"传世哥窑"的分类名称。"传世哥窑"这一提法含义显然是指这类产品的窑口不明，时代存疑，是一个有待进一步探索的问题[1]。

　　然而，在老虎洞窑址、龙泉黑胎青瓷窑址没有发掘之前，哥窑瓷器鉴定是没有比对物的，所谓"哥窑"都是以传世哥窑为标准进行鉴定的，现代文物工作者苦苦寻觅的哥窑，参照对象也是"传世哥窑"。所以"传世哥窑"名称虽然信息模糊，其积极意义在于鉴定、研究有了参照物，同时避免了展览、保管无法定名的尴尬。可见，传世哥窑是历史的痕迹，是哥窑研究路上的一环，不可或缺。由此可见，传世哥窑本意并非扰乱视听，而是认识的低级阶段，其历史上的积极意义应该给予肯定。即便是哥窑问题解决了，"传世哥窑"也将继续存在，因为那是历史！

　　"传世哥窑"诞生于"窑口不明、时代存疑"的历史阶段，当哥窑的窑口和时代问题都解决了，其意义也随之发生了变化，传世哥窑专指那些非出土的哥窑瓷器，仅仅是器物来源的标注。

---

[1]　任世龙：《瓷路人生——浙江瓷窑址考古的实践与认识》，文物出版社，2017年。

第六节　哥窑收藏

　　哥窑作为古董收藏大约始于明嘉万时期。元孔齐买哥哥洞窑香鼎并不是当古董买的，那是当时杭州的时尚产品，很讨文人士大夫喜欢的商品瓷。王德翁说"**绝类古官窑**"除了赞美哥哥窑瓷器烧得好，另一层意思是为了提醒自己和他人以后收藏古官窑器要当心。

　　明早中期的政治环境影响了流通，收藏古玩的范围有也是很小的。只有嘉靖晚期以后管制相对宽松，特别是隆庆六年开海贸易，商贸渐趋活跃，收藏才会成为风雅趣事的一部分。晚明时节，玩陶瓷的没有哥窑都不好意思说自己是收藏古瓷的。明代文学家陈继儒于万历二十三年在项玄度家看见"哥窑一枝瓶、哥窑八角把杯，又哥窑乳炉"（1595 年），此事记载在他的《妮古录》中。在同一部书里还记载刘锦衣在杭州得到了一件哥窑合卺双桃杯，还带哥窑承盘的，盘中一坎正好容杯。陈继儒亲见的四件哥窑瓷器，那哥窑八角把杯恐为明代景德镇官窑的仿制品，这种八角把杯制作费时费工，还极易烧坏，元代哥哥窑是有所忌惮的。

明末清初绍兴文人张岱在他的《陶庵梦忆》记载朱氏收藏"与分宜（严嵩）埒富"，（《留青日札》记载严嵩抄家物品清单上确有"哥窑"瓷器。）诸多藏品中有哥窑瓷器。在"仲叔古董"条，记载大收藏家项元汴以五百金买了仲叔的白定炉、哥窑瓶、官窑酒匜三件古瓷，还戏之曰"留以殉葬"[①]，似乎戏言成真了。台北故宫博物院《贵似晨星》刊载一件"元青瓷鱼耳炉"，后配的木盖内有"子京"和"项元汴印"款，无疑是项元汴玩过的旧物了。

明嘉万时期的余永麟在《北窗琐语》记载了一哥窑香炉的传奇故事。嘉善巨族曹琼得一哥窑香炉，被镇守麦太监知道了，就把曹琼抓了起来进行勒索，他儿子只好把炉交了出去。后又被比麦太监更狠的太监夺去了。正德年间被盗，出现在上海市场，上海古董收藏家张信夫以二百金买下。后来张信夫到南京觅宝，在一店家听说内府哥窑值数百金，被上海张信夫所得，这是最好的哥窑。还好店家不认识张信夫，但张听闻之后还是害怕追查，悄悄地卖给了苏州的收藏者了。后来官府竟然没有追查。[②] 朱氏和项氏都是江南富商大贾，曹琼也是嘉善巨族，

① 【明】张岱：《陶庵梦忆》，中华书局，2018年。
② 【明】余永麟：《北窗琐语》，《哥瓷雅集》，故宫出版社，2017年。

哥窑能被这些人家收藏，而且动辄以百金计，可见早已不是元末的"窑器不足珍"，几乎珍如拱璧了。

万历以后出现在收藏市场的哥窑瓷器其实已经是很复杂了，这些大藏家们收藏的是旧哥哥窑，还是"诸窑美者"已无从知晓，但以收藏哥窑瓷器为雅事，并成为收藏时尚却是无疑的。

哥哥洞窑，一个生逢乱世、苟活于世的民间小窑，却引发了一个亘古未有陶瓷大观——哥窑现象，皆因其生就"类古官窑"华贵气质，长三角环太湖流域文人士大夫对其青睐有加。事随境迁，明代中晚期，沉寂日久的哥哥洞窑瓷器俨然已是珍玩，朱门大户昵称其为"哥窑"。不知其从哪里来，豪门处处是家；江湖盛传其名，身世扑朔迷离。偏偏此时又来一个未详何时人的"兄曰哥窑"，还有一个也是烧瓷的弟弟。从此，陶瓷江湖不再太平，两个孙猴子不知道哪是真悟空，文人们都说自己知道，反正真知道的、假知道的、不知道的（可以抄袭）纷纷登场，剪辑出各种版本的哥窑文献。仁宗复陶是王子爱上了灰姑娘，宣德皇帝、成化皇帝、乾隆皇帝也都觉得灰姑娘美丽而神秘。效颦不仅仅是东施，还有北施、南施，破牛仔裤也会蔚为时尚，古官窑的气质加百圾碎的外衣，绝对的非主流陶瓷文化，万历以后却形成了哥瓷一族。上至皇帝贵戚，下至陶工贩夫，中间还有文人士大夫，生产、买卖、收藏、赏玩、研究、讲故事，各色人等都在其中找到了乐趣，得到了利益，哥窑现象也就这样炼成了！

有诗赞曰：哥窑之名如雷贯耳，哥窑身世扑朔迷离。哥窑瓷器遍走江湖，哥窑现象古今奇观。

结语

  哥哥洞窑是哥窑的最初的、完整的窑名，其"哥哥"是哥哥洞窑所在地杭州人的口语"这个"的谐音，是元代窑工们为避免麻烦而为之的称呼。哥哥洞窑，即老虎洞窑，可省称为"哥哥窑（这个窑）"，也可急读为"哥窑（这窑）"，都不会影响窑名的意义。但随着"哥"字词义的演变，"哥窑"很容易被误读为"以兄故也"。

  哥哥洞窑宋代文献没有记载，连仿官窑的乌泥窑、续窑等序列中也没有其名，元代文献才出现"哥哥洞窑"和"哥哥窑"的名称，产品特征是"绝类古官窑"，南宋末期也不可能称南宋早期官窑为"古官窑"的，哥哥洞窑一定是元代瓷窑。老虎洞窑考古揭示了元代地层与南宋地层之间有一层厚薄不一的沙层，说明从南宋到元代并不是延续烧造的，而是间隔了几十年。元代地层"大元□六年"铭窑具，说明元初重新恢复了窑业生产。如果笔者在书中推测不误的话，窑具铭款的时间是"至元十六年"，此应是老虎洞窑元代复烧的最晚时间。若以至元十六年（1279年）起算，至明军占领杭州的至正二十六年（1366年）止，哥哥洞窑共烧了八十七年的窑。由于现成的、懂官窑的工匠，现成的、带原料的废址，哥哥洞窑无须缘起的发展过程；急剧变化的时政，也决定了衰亡的突发性，而不是逐渐式微的。老虎洞窑址元代遗存也显示了已没有南宋官窑的"制"，也就是说哥哥洞窑是纯粹的元代民窑，解决问题是需要时间和机会，如果没有老虎洞窑址的发掘，即便是破解了"哥哥"的意思，也很难说清楚南宋官窑与哥窑的区别，也无法弄明白南宋官窑废址上为何有元代民窑生产的，哥哥洞窑的性质也永远存在官窑与民窑之争。同样，元代地层之上没有明代制瓷遗存，也终结了哥哥洞窑的结束时间之悬案，再也不必小心翼翼地将元末哥哥窑或明代仿哥窑说成是"元末明初"了。现在尚不能清楚地区分元代早、中、晚时期哥哥洞窑产品特征，但起讫时间是明晰的。

弄清楚了哥窑，官哥之分也不再是难题了，传世器物和窑址遗存清晰地显示了官哥的"制"是不一样的，"制"是区分官哥的不二法门。由"制"而产生的技术革新，使哥窑产品呈现出有别于官窑的面貌。

曹昭的"元末新烧"令人浮想联翩，仿哥窑？抑或与"旧哥窑"有别的另一次复烧？那该延伸到明代吧。曹昭在文中只说了"元末新烧"，并没有说"明初续烧"，如有明初的哥窑，洪武时期写《格古要论》的曹昭应该是第一时间能看到的，永乐时监国的仁宗也没有必要"复陶"哥窑了。所以，所谓哥窑"元末明初"的断代，是缺乏对哥窑理解的不自信断代。

哥窑问题之所以复杂，是因为明代开始出现的哥窑现象，众多的文献就是其中之一。明代晚期才出现的"宋哥窑"说，不是伪文献，就是抄袭他人之作，其始作俑者是学富五车、恃才傲物的王世贞。他将《浙江通志》的章氏兄弟的"兄曰哥窑"

故事，与已经省称的"哥窑"相联系，用文人的"想当然"制造了宋处州章氏哥窑的假史实，其"色稍白而断纹多"的"百圾碎"哥窑，在传抄过程中被改编成"浅白断纹"的"百圾碎"哥窑，成为明万历以后乃至整个清代、民国时期的普遍认知。王世贞之后，再无人探究"哥哥窑"或"哥窑"的本义了，"以兄故也"的直白解释和动听的故事更易被大众所接受。故所谓"宋哥窑"是没有所本的，文献和实物均不支持；另一个"正统的哥窑"也不正统。从明代晚期开始，无论是文人士大夫还是格古者，乃至现在一些研究者都言必称宋哥窑，然而历史的真相恰恰是元代哥窑。

"仁宗复陶"是一个哥窑现象非常重要的关节，此时开始，哥窑进入了被仿制阶段，而且仿制是从官窑开始的，这些仿哥窑产品对于明代人来说时代较近，然而官窑的仿哥窑产品，比民窑的哥哥窑更不易为普通民众所见到，神秘性不亚于元代哥哥窑，其"浅白断纹"的产品特征开始迷惑人们的视听。

明嘉靖《浙江通志》中的章生一哥窑故事也是哥窑问题的重要一环，此乃确确实实是以兄故也的哥窑，然而是"相传"的故事。其"粹美冠绝当世"的青瓷与类官窑的紫口铁足开片青瓷完全是两个时代和两种产品，此"兄曰哥窑"非彼"哥哥洞窑"之哥窑，"兄曰哥窑"是明代早中期流行于处州龙泉地区的寓言故事，章氏兄弟的境遇，寓意了"税重民穷"的现实。

　　《浙江通志》的处州章生一哥窑是传说故事，其文学性是显而易见的。如按文学故事演义下去，将故事的缘起上推至宋代，乃至唐代都无可非议，再衍生出章生三和妹窑也仍无不可，但将其套在"历史"上，则变成了"三国演义"，形象丰满的假象更具吸引力。

　　明代万历时期对于哥窑问题来说是一个非常特殊的时期，当王世贞在书斋里"想当然"出宋哥窑的时候，杭州人高濂同样在书斋里说清楚了官窑与哥窑，说清楚了"紫口铁足"，说清楚了开片种种，其鳝血、墨纹、细碎纹的三级分法成为此后品评哥窑片纹的标准。无奈王世贞的名气实在是太大了，无一官半职的高濂难以望其项背，名人的一句话胜过明（白）人一百句话唉！

　　万历时期另一个现象是仿制哥窑的民窑很多，由官仿走向普及化的民仿。由于对哥窑认识模糊不清，釉色都比较浅淡，开片多碎纹如鱼子，比较符合"浅白断纹"、"百圾碎"的哥窑瓷。此时哥窑瓷器显然已成为一个陶瓷品种，有青花、五彩、赭彩等各种彩绘装饰的哥瓷，形成了哥瓷一族。

　　历史不仅仅是写在史书上的，也记载在各色文物中，小小的哥窑承载着宋元交替和元明交替的历史大变局，哥窑现象更是明代历史的缩小版，折射了明代社会的发展变化，哥窑的剧情与明代历史同步。朱元璋封闭保守、专制残酷的统治政策，使得每一个地区都成了"小国寡民"，曹昭写《格古要论》才距离元朝二十多年，竟不知道"旧哥窑"出哪里了。这种封闭直到嘉靖朝才有所变化，朱厚熜变太祖制度，外番承继了大统。哥窑也出现了新动向，"兄曰哥窑"的文学哥窑始现于嘉靖朝《浙江通志》中。鲜为人知的宫廷仿哥窑的新情况被皇甫录《皇明纪略》揭示了出来。万历朝先是张居正专权，万历十五年以后是万历帝怠政，统治集团犹如群龙无首，一片混乱。反映在社会生活上造假特别严重，时人似乎已经没有道德底线，以趋利为行为旨归。具体到哥窑问题上，文献清的、浊的搅和在一起，看不清问题真相；哥窑与仿哥窑混合在一起，为了利益，各自编说故事，看不清真实的哥窑。可见，哥窑问题难以破解，不光是文献问题，还有对历史理解的问题，如南宋纳土归元、蒙元的统治政策、明代历史的变迁等，诸如此类的历史问题搞清楚了，哥窑问题也会逐渐明晰起来。

"哥哥洞窑与哥窑现象"其实就是本质与现象的关系，本质客观存在在那里，看你怎么去探寻。现象则各色各样，有些是假象；有些是拉郎配，是生搬硬套地"虾扯蛋"；有些现象是非常重要的，反映本质特征的。本质是朴素的，现象是错综复杂的，"不可不细辨也"！

对于宋代章生一哥窑，需借用一下时下的流行语：请不要迷恋哥（窑），哥（窑）只是一个传说！

后记

从 2017 年 2 月第一份哥窑提纲算起，整整花去了两年半时间。但真正手不释笔一鼓作气写完的，是今年 2 月开始，加上修修改改共半年多时间。在撰写的过程中，发现写作是最好的研究，每当写到不顺畅、甚至要牵强地去附和某种说法时，就触发了质疑的神经。在文献的质疑方面，互联网无疑是最好的帮手，每次追根究底的搜索，都获得了意想不到的收获，探寻的辛苦便成为写作过程中最大的乐趣。质疑文献过程中的另一份快乐来自同事和朋友的帮助，同事蔡小辉和蔡乃武、好友王建中和他的朋友们、扬州图书馆古籍部主任徐时云、杭州执古御今文化艺术有有限公司陈玥董事长、龙泉青瓷博物馆刘莹、文物出版社贾东营等，都在寻找文献资料时给予了极大的帮助，在此谨表谢意！

哥哥洞窑就在我生活的城市——杭州，使我具有近水楼台之便，地利之宜，不仅可以实地察看老虎洞窑址以及地形地貌，还可以仔细观摩杭州市文物考古所的老虎洞窑址出土标本，浙江省博物馆的郊坛下官窑标本，更重要的是杭州民间还藏有各种窑址标本和被实际使用过的官哥残器、碎片，所有这些哥窑和官窑的重要物证，我都可以随时的、近距离的查看，得天独厚的物质条件使实践上解决哥窑问题成为可能。因此，借此感谢南宋官窑博物馆邓禾颖副馆长和杭州市文物考古所库房工作人员、同事汤苏婴和陈芳、长兴博物馆前馆长梁奕建、杭州市文物考古所所长唐俊杰、好友龚毅和方肖鸣、徒弟齐八虎山以及他的朋友们等，感谢你们在参看实物资料上提供的方便，加快了写作的进程。

此外，文物出版社张广然总编、浙博雍泰岳副馆长、浙江省文物鉴定审核办公室周刃副主任、原杭州历史博物馆书记李海、杭州美品标识系统工程有限公司严爱梅总经理、余姚搏庐郑耀、杭州胡志华总经理也在写作和出版的过程中给予了很大的帮助，在此谨表谢意！

我从事文物工作已三十八年，做过文物商业、文物干部培训、流散文物管理及文物出境鉴定、博物馆等工作，唯独没有体验过文物考古，也没有受过考古专业培训，对书稿中考古方面认知始终缺乏自信。所以这里要特别感谢原浙江省文物考古研究所副所长、书记任世龙老师，任老师是浙江省资深的瓷窑址考古专家，今年已八十有一了，如此高龄仍不辞酷热对书稿进行了三次审阅，前后费时一个半月，纠正了其中考古知识方面的错误，还指出了论证过程中的不足之处。可以说没有任老师的三审其稿，作品的瑕疵会很多。再次谨表真诚的谢意！

古希腊的荷马说："从来没有诗歌是由喝水的人写成的。"（孙机《百情重觞——中国古代酒文化》）虽然我不是写诗，但为文也会思维受阻，荷马此言我感同身受。每当想不顺畅，或写不下去之时，便离案去小酌一下，也许是酒催文思，每每喝到兴起，文思就像血管中的血液一样畅快起来，灵感就会闪现。如果本书有令读者击节的章节，那此处一定会透着酒香。据说《兰亭集序》也是美酒催生的，善哉！感谢中国源远流长的酒文化！

成书过程是辛苦的，解决问题时是快乐的，得到师长、同事和朋友乃至家人的帮助是幸福的，以酒为墨是美好的，这五味调和的感觉真好！